엄마표
수학놀이

유튜브보다 재밌고 학습지보다 알찬

엄마표 수학놀이

초판 1쇄 발행 2020년 7월 30일
      3쇄 발행 2022년 5월 2일

지은이   전예름
펴낸이   유성권

편집장   양선우
책임진행   윤경선   편집   신혜진 임용옥
해외저작권 정지현   홍보   최예름 정가량
외주스태프 눈씨
마케팅   김선우 강성 최성환 박혜민 김단희
제작   장재균   물류   김성훈 강동훈

펴낸곳   ㈜이퍼블릭
출판등록   1970년 7월 28일, 제1-170호
주소   서울시 양천구 목동서로 211 범문빌딩(07995)
대표전화   02-2653-5131   팩스   02-2653-2455
메일   loginbook@epublic.co.kr
포스트   post.naver.com/epubliclogin
홈페이지   www.loginbook.com

● 이 책은 저작권법으로 보호받는 저작물이므로 무단 전재와 복제를 금지하며,
  이 책 내용의 전부 또는 일부를 이용하려면 반드시 저작권자와 ㈜이퍼블릭의
  서면 동의를 받아야 합니다.
● 잘못된 책은 구입처에서 교환해 드립니다.
● 책값과 ISBN은 뒤표지에 있습니다.

로그인은 ㈜이퍼블릭의 어학·자녀교육·실용 브랜드입니다.

이 도서의 국립중앙도서관 출판예정도서목록(CIP)은 서지정보유통지원시스템 홈페이지(http://seoji.nl.go.kr)와
국가자료공동목록시스템(http://www.nl.go.kr/kolisnet)에서 이용하실 수 있습니다.(CIP제어번호: CIP2020028945)

유튜브보다 재밌고
학습지보다 알찬

엄마표 수학 놀이

전예름 지음

로그인

저자의 말

서울 강남에서 교사 생활을 하며 '수학'에 주목하게 되었습니다. 다른 과목은 곧잘 하던 아이들이 유독 수학 앞에서 무너지는 모습을 많이 보았기 때문이죠. 또 고학년 때 아예 수학을 포기한 '수포자'가 된 아이들이 점차 다른 과목에까지 흥미를 잃어 성적이 뚝 떨어지는 모습도 보았고요. 그 원인이 무척이나 궁금했습니다.

그러다 교단에 선 세월이 쌓이고 내 아이를 키우면서 깨달았습니다. 초등학교 입학 전에 수학과 친해지고 재미를 붙인 아이가 확실히 학교생활을 하며 탁월한 성과를 내고, 나아가 다른 과목들도 잘한다는 사실을요. 수학은 문제해결력을 키워줍니다. 즉, 어떤 공부를 하든 바탕이 되는 능력을 만들어주지요. 바로 아이가 수학을 잘하도록 부모가 도와야 하는 가장 큰 이유입니다.

수학, 잘하려면 친해지는 것이 먼저!
그래서 초등 전, 엄마표 수학놀이가 답이다

아이가 성장할수록 부모는 생각이 깊어집니다. 달랑 휴지 한 장만 있어도 정말 신나게 놀던 영아기를 거쳐, 5세쯤 되면 아이가 슬슬 말에 논리를 갖추어가고 수에도 관심을 보이며 급격하게 발달하는 것이 느껴지면 더 그렇습니다.

'오감놀이가 이제는 지겹다는데, 뭐라도 해주어야 하지 않을까? 벌써부터 학습지를 시켜야 하나? 괜히 너무 빨리 시작하면 아이가 질리고 지치게 될 것 같은데…. 수학을 잘하게 할 좋은 방법은 없을까?' 이런저런 고민이 밀려올 때 반드시 기억해주세요. 무엇보다 아이가 수학과 친해지는 것이 먼저라는 것! 교육 현장에서 확인할 수 있듯, 수학은 조금이라도 아이가 두려워하거나 부담스럽게 느끼거나 힘들어하면 절대로 잘할 수 없어요. (이건 우리 어른들도 본인의 학창 시절을 돌이켜보면 알 수 있을 거예요.)

그래서 부모님께 당부드립니다. 아이에게 수학에 대한 긍정적인 상을 심어주고, 아이가 수학을 좋아하게 해주세요. 그리고 효과 만점인 '엄마표 수학놀이'를 가정에서 실천해주세요.

준비는 간단히, 놀이는 즐겁게, 학습 효과는 확실한 엄마표 수학놀이, 아이와 부모 모두가 행복해져요

과연 '엄마표 수학놀이'를 어떻게 하면 좋을까요? 대부분 막막하실 거예요. 시중의 다른 책을 먼저 접해본 부모님들은 이미 시행착오를 겪기도 하셨을 테고요. 미리 사놓을 것도, 만들어놓을 것도 많아서 힘들고, 기껏 시간 들여 준비를 마쳤는데 막상 아이가 관심을 주지 않아서 황당했다는 이야기를 저도 많이 들었습니다. 아무리 몇 년 뒤에 훌륭한 성과가 뒤따른다고 해도 당장 아이와 노는 것 자체가 힘들면 절대로 좋은 교육법이 아니지요.

그래서 이 책《엄마표 수학놀이》는 이렇게 만들었습니다.

✱ 오감놀이를 졸업한 아이라면 바로 이 책으로 놀 수 있어요. 부모님들이 일부러 채근하지 않아도 5~7세가 알아서 반복할 만큼 흥미진진한 놀이를 엄선했습니다.

✱ 일상에서 '자연스럽게' 수를 익힐 수 있는 놀이를 소개했습니다. 아이를 오히려 수에서 멀어지게 만드는 주입식 학습 방식은 철저히 지양하고요.

✱ 생활밀착형 초간단 준비물로 진행 가능해요! 쓸데없이 어른 손이 많이 가는 교구는 제외하고, 이왕이면 생활 소품을 이용하거나 아예 교구 없이 할 수 있는 놀이를 담았습니다.

✱ 놀이의 교육적 측면을 꼼꼼히 짚었습니다. 각 놀이마다 선행되면 좋을 학습 내용이 무엇인지, 놀이가 아이의 어떤 능력을 발달시키는지 소개했습니다. 아이의 상황에 맞추어 놀이를 선택하세요.

✱ 누리 과정과 초등 1, 2학년 수학을 촘촘하게 이어주었습니다. 교육 환경이 바뀌면서 생길 수 있는 빈틈이나 가정교육에서 발생할 수 있는 구멍을 확실히 메웠습니다.

✱ 수학에 약한 어른도 아이를 가이드하기 쉬운 코칭을 도입했습니다. 하나하나 친절하고 쉽게 설명했으니 걱정하지 마세요.

준비는 간단히, 놀이는 즐겁게, 학습 효과는 확실하니 아이와 부모가 함께 행복한 교육법이라 자부합니다. 이 책으로 수학놀이를 하다 보면 아이의 만족도도, 아이와의 상호작용의 질도 높아진 것을 느낄 수 있을 거예요. 나아가 아이가 수학에 대한 흥미를 가지고 더욱 즐거운 마음으로 초등학교에 입학하기를 희망합니다!

목차

저자의 말 • 4

들어가며

일상에서 수학놀이를 해야 하는 결정적 이유 • 12
유아 수학과 초등 수학을 집중 탐구하자 • 15
아이의 수학적 능력, 어떻게 발달되는 걸까? • 24
영역별로 이렇게 수학놀이를 해요 • 30

1장

집에서 간단한 물건으로 놀아요

01 아기 돼지가 오형제라면? • 40
02 5를 만들어라! • 42
03 신문지로 집 안 눈싸움하기 • 44
04 계란판으로 놀기 1 • 46
05 가림막 뒤에 몇 개가 있을까? • 48
06 10이 되는 짝꿍을 찾자 • 50
07 맛있는 시리얼로 수 나타내기 • 52
08 계란판으로 놀기 2 • 54
09 선수처럼 과녁을 맞혀라 • 56
10 숫자 고기를 낚아요 • 58
11 접시 위에서 구슬이 떼굴떼굴 • 60
12 우리 집 시장에서는 얼마예요? • 62
13 토끼가 많아지면 당근은 몇 개 필요할까? • 64
14 채소 스탬프 꾹꾹 • 66

15 세모, 네모 빨대로 비눗방울 놀이를! • 68
16 입체 도형 굴려 그림 그리기 • 70
17 우리 집에서 찾아보는 입체 도형 • 72
18 블록으로 대칭 그림 만들기 • 74
19 내가 쌓은 대로 똑같이 만들어봐 • 76
20 쌓기나무 블록으로 사목 두기 • 78
21 이것은 어떤 도형일까? • 80
22 네모와 세모를 겹쳐, 겹쳐! • 82
23 입체 도형 그림자놀이 • 84
24 이 신문지가 더 길어! • 86
25 무엇이 무엇이 더 무거울까? • 88
26 우리 가족의 발 길이가 궁금해 • 90
27 순서대로 척척 과일 꼬치! • 92
28 시리얼로 만드는 나만의 목걸이 • 94
29 책장으로 작은 도서관 만들기 • 96

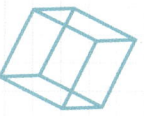

2장 종이와 필기구만 있으면 할 수 있는 놀이

01 숫자야, 꼭꼭 숨어라 1 • 100
02 첫째 접지 말고, 셋째 접어! • 102
03 10이 되는 짝꿍을 찾자 • 104
04 숫자야, 꼭꼭 숨어라 2 • 106
05 가장 먼저 외쳐봐, 빙고! • 108
06 누가 누가 먼저 찾나? • 110
07 어떤 숫자가 없어졌을까? • 112
08 도전! 100칸 퍼즐 • 114
09 어떤 것이 큰 수, 작은 수? • 116
10 숫자 메모리 게임 • 118
11 똑같은 모양끼리 모아보자! • 120

12 색종이로 만드는 도형 퍼즐 • 122
13 나랑 똑같이 그려볼래? • 124
14 앞으로 3걸음 가시오 • 126
15 내 반쪽을 찾아줘! • 128
16 색종이를 반 접으면 멋진 작품이 짠! • 130
17 점점점 세모세모세모! • 132
18 우리 집 보물 지도 만들기 • 134
19 칠교 조각, 가장 넓은 것을 찾아라 • 136
20 시계 속에 담긴 나의 하루 • 138
21 직접 그리고 쓰는 나만의 달력 • 140
22 쓱싹쓱싹 나만의 패턴 만들기 • 142
23 무릎 치고 손뼉 치고 짝짝! • 144
24 나는 일주일에 책을 몇 권 읽을까? • 146
25 벤다이어그램 분류 놀이 • 148
26 표에서 만난 노랑 하트, 파랑 동그라미 • 150
27 내 손에서 탄생한 노노그램 • 152

3장 야외에서 더 신나게 놀아요

01 번호판으로 숫자 놀이를 해요 • 156
02 숟가락, 젓가락을 식구 수대로 놓자 • 158
03 그것은 우리 주변에 몇 개 있을까? • 160
04 사물함에서 내 물건을 찾아라! • 162
05 솔방울과 돌멩이로 그림 그리기 • 164
06 손가락 더하기 게임 • 166
07 업 앤드 다운(Up and Down) • 168
08 숫자 20을 피해라! • 170
09 1, 2, 3, 뽀송! • 172
10 보도블록 코딩 놀이 • 174

11 우리 동네는 어떻게 생겼을까? • 176
12 멀리멀리 날아라, 신발아! • 178
13 어떤 컵이 가장 클까? • 180
14 오늘 하루 그림자의 길이 재기 • 182
15 돌을 끼리끼리 나누어요 • 184

4장 보드게임과 교구로 만나는 수학놀이

01 5를 완전 정복, 할리갈리 • 188
02 숫자 순서를 익히는 다빈치코드 • 190
03 10을 만들어요, 메이크텐 • 192
04 두 자릿수 덧셈도 척척, 로보77 • 194
05 30까지 문제없어요! 루미큐브 • 196
06 6 가져가! 젝스님트 • 198
07 전략과 운으로 놀아요, 스트림스 • 200
08 도형 그리기, 지오보드 • 202
09 공간 지각력 쑥쑥, 구슬퍼즐 • 204
10 패턴과 친해져요, 큐비츠 • 206
11 혼자서도 보드게임을! 코잉스(스페이스) • 208
12 퍼즐을 완성하자, 우봉고(3D) • 210
13 화면 밖에서 하는 테트리스링크 • 212
14 내 영역을 넓히자, 블로커스 • 214
15 무엇이 같을까? 쿼클 • 216
16 규칙을 찾아라! 마이퍼스트 스도쿠 • 218
17 무게가 궁금할 때, 저울 교구 • 220

정답 • 222
부록 • 228

들어가며

유아기는 아이의 성격과 인지 발달에 '결정적인 시기'예요. 이때 형성된 습관과 태도는 아이가 성장한 다음에도 영향을 미치거든요. 그래서 많은 아이가 어려워하는 수학을 '엄마표 수학놀이'를 통해 흥미로운 과목으로 여기게 하기에 아주 좋은 때지요. 우리의 유아 수학 교육은 아이가 수학적 소양을 기르는 데 목표를 두고, 아이가 수학적 개념을 바르게 이해하고 수학의 과정을 즐길 수 있는 경험을 제공해요. 그렇게 하면 아이는 수학에 대한 긍정적 태도를 갖출 수 있어요. 여기에서는 엄마표 수학놀이가 어떤 점에서 얼마나 효과적인지 알아보고, 유아 수학과 초등 수학의 교육 방향, 그리고 내용을 살펴보아요.

일상에서 수학놀이를 해야 하는 결정적 이유

엄마표 수학놀이를 하는 집에는 초등 수포자가 없다고?

"초등학교 수학, 그게 뭐 어려워?" 하던 시대는 이제 갔어요. 실제로 한 설문 조사에 따르면 초등학생 중 무려 36.5퍼센트가 수학을 포기한 '수포자'라고 해요. 그리고 '내용이 많아서', '연산이 어렵고 귀찮아서', '기호나 상징을 다루는 것이 어려워서' 등이 수학을 포기한 이유로 꼽혔다고 해요. 자세히 들여다보면 수학적 기초가 튼튼하지 않은 것이 그 원인임을 알 수 있어요.

모든 학문이 마찬가지겠지만 수학에서도 꾸준히 흥미를 갖고 기초를 튼튼히 다져나가는 것이 중요해요. 그러려면 수학이 학습지로 만나는 어렵고 재미없는 과목이 아니라 생활과 연계된 흥미로운 과목이라는 점을 아이에게 인식시켜줄 필요가 있지요. 미국유아교육협회(NAEYC)와 미국수학교사협의회(NCTM)도 다음과 같은 이유로 "가정과 유아 교육 기관과의 연계 촉진"을 강력하게 강조해요.

> 부모들 자신이 수학에 대해 부정적인 경험을 했을 때, 자녀들에게 수학은 어렵다고 이야기한다. 부모들의 이런 태도는 유아들에게 부정적인 영향을 미치게 되고, 결과적으로 학습 능력에도 영향을 미친다. 그러므로 유아가 수학 학습에 대한 긍정적인 태도와 경험을 갖추기 위해서는 가족들과의 연계가 필요하다. 가족들은 유아에게 수학의 중요성을 알려주고 일상생활에서 수학을 발견하고 활용하는 방법을 지원할 수 있다.
>
> 출처: 《Early childhood mathematics: Promotion good beginning》(NAEYC&NCTM, 2002)

집에서 하는 수학놀이는 아이가 일상의 경험에서 터득한 비형식적인 지식이 의미 있는 방법을 통해 형식적 수학으로 연결되도록 도와주어요. 또한 수학 교육에 대한 긍정적인 태도와 자발적인 탐구 활동이 일어나게도 하고요. 결과적으로 아이가 수학적 기초를 다지는 데 큰 도움이 되는 거지요.

수학 공부를 교구로 하면 왜 좋을까

아동의 인지발달에 관한 이론을 제시한 세계적 심리학자 장 피아제에 따르면, 2~7세경(전조작기 및 구체적 조작기) 인간은 세상에 대한 개념을 안정적으로 형성하고 특정한 행동을 하기 전에 정신적으로 그려보는 조작 능력이 발달해요. 하지만 고도의 조작적 사고가 완전하지는 않기에 대상의 가장 두드러진 한 가지 측면에만 집중하지요.

간단한 실험을 예시로 들어볼게요. 크기와 모양이 같은 투명한 2개의 컵에 같은 양의 액체를 붓고, 아이에게 컵들의 액체 양이 같다고 알려주어요. 그런 다음 각각의 컵에 담긴 액체를 다른 모양의 컵에 옮겨요. 이 과정을 모두 지켜본 아이에게 "어떤 컵에 물이 더 많지?"라고 물어보면 어떤 결과가 나올까요? 놀랍게도 아이는 '높이'라는 특성에만 집중하기 때문에 물의 양이 같다고 하지 않고 높이가 더 높은 컵에 물이 더 많다고 이야기해요.

다양한 교구는 아이의 이런 정신적 조작의 한계를 극복할 수 있도록 도와주어요. 그중 수학 교구는 아이가 수학에 관심을 갖고 수학을 탐구할 수 있는 다양성이 갖춰져야 하지요. 즉, 아이가 반복해서 놀 수 있을 뿐만 아니라 수학적으로 문제를 해결할 수 있어야 해요. 그리고 아이가 자료를 직접 조작하고 변형할 수 있다면 더 좋아요. 또한 아이는 자신의 경험 세계가 반영되면 친밀감을 느끼므로 일상 속 재료를 사용하는 것이 도움돼요. 마지막으로 집에서 사용하는 만큼, 부모가 지나치게 오랜 시간 만들어야 하는 교구는 추천하지 않아요! 그것보다는 아이와 함께 만들어가는 작품, 집에 있는 것을 그대로 활용한 교구가 더 효과적일 수 있어요.

무조건 다양한 교구를 사용하고 아이에게 다양한 물건을 만지게 해주는 것이 수학 교육에서 능사는 아니에요. 오히려 아이의 발달 단계에 비해 지나치게 쉽고 단순한 교구나, 지나치게 복잡한 교구는 아이가 수학놀이를 지겨워하게 만드는 요인이 될 수 있어요. 너무 과도한 교구 사용도 아이가 스스로 사고하는 것을 제한하거나 교구에 필요 이상으로 의존하게 할 수도 있으니 적절하게 사용하는 것이 중요해요.

수학놀이에서 최고의 준비물들은 우리 집에 있다!

아이의 수학적 개념을 만들어주는 것은 구체적인 사물이 있으면 더 쉽고 효율적이에요. 바둑돌, 동전, 클립, 집게, 지우개, 블록 등 모양이 같고 크기가 작아 아직 소근육 발달이 완전하지 않은 아이가 손으로 조작하기 좋은 구체물이면 적당해요. 그러니 이 정도는 집에 구비하여 두고 여러 영역에서 다양한 방법으로 활용하는 것을 추천해요. 물론 생활 속 물건만으로는 한계가 있는 활동도 있으니 때로는 전문 교구의 도움도 받고요.

유아 수학과 초등 수학을 집중 탐구하자

1) 누리 과정 속 유아 수학 교육 내용

유아 수학과 초등 1, 2학년 수학의 교육 내용을 자세히 소개해요. 시기별 아이의 상황과 수준을 이해하고, 이에 맞추어 가정에서 아이를 뒷받침하는 데 도움이 될 거예요.

영역 \ 연령	만 3세	만 4세	만 5세
수와 연산의 기초 개념 알아보기	생활 속에서 수에 관심을 갖는다.	① 생활 속에서 사용되는 수의 여러 가지 의미를 안다.	
	구체물의 수량이 많고 적음을 비교한다.	구체물 수량에서 '같다', '더 많다', '더 적다'의 관계를 안다.	② 구체물 수량의 부분과 전체 관계를 안다.
	5개가량의 구체물을 세고 수량에 관심을 갖는다.	10개가량의 구체물을 세고 수량을 안다.	③ 20개가량의 구체물을 세고 수량을 안다. ④ 구체물을 가지고 더하고 빼는 경험을 한다.
공간과 도형의 기초 개념 알아보기	자신을 중심으로 앞, 뒤, 옆, 위, 아래를 안다.	⑤ 위치와 방향을 여러 가지 방법으로 나타낸다.	
	물체의 모양에 관심을 갖는다.	기본 도형의 특성을 인식한다.	⑥ 여러 방향에서 물체를 보고 그 차이점을 비교한다. ⑦ 기본 도형의 공통점과 차이점을 안다.
		⑧ 기본 도형을 사용하여 여러 가지 모양을 구성한다.	

기초적인 측정하기	두 물체의 길이, 크기를 비교한다.	일상생활에서 길이, 크기, 무게 등을 비교한다.	⑨ 일상생활에서 길이, 크기, 무게, 들이 등의 속성을 비교하고 순서를 정한다. ⑩ 임의 측정 단위를 사용하여 길이, 면적, 들이, 무게 등을 잰다.
규칙성 이해하기	생활 주변에서 반복되는 규칙성에 관심을 갖는다.	생활 주변에서 반복되는 규칙성을 안다. 반복되는 규칙성을 인식하고 모방한다.	⑪ 생활 주변에서 반복되는 규칙성을 알고 다음에 올 것을 예측한다. ⑫ 스스로 규칙성을 만든다.
기초적인 자료 수집과 결과 나타내기	같은 것끼리 짝을 짓는다.	⑬ 필요한 정보나 자료를 수집한다. 한 가지 기준으로만 자료를 분류한다.	⑭ 한 가지 기준으로 분류한 자료를 다른 기준으로 재분류한다. ⑮ 그림, 사진, 기호나 숫자를 사용하여 그래프로 나타낸다.

① 생활 속에서 사용되는 수의 여러 가지 의미를 안다

이 시기의 아이는 수가 물체를 셀 때 사용될 뿐 아니라, 순서나 이름을 대신할 수 있다는 것을 알게 돼요. 버스 번호, 전화번호, 놀이의 순서 등에 쓰인다는 점도 이해하고요.

② 구체물 수량의 부분과 전체 관계를 안다

이 시기의 아이는 사탕 10개가 2개와 8개로 나누어지기도, 3개와 7개로 나누어지기도 한다는 점을 이해하게 돼요. 즉, 수들 간의 관계를 알고 특정한 수가 하위 수들의 조합으로 만들어지는 과정을 설명할 수 있어요.

③ 20개가량의 구체물을 세고 수량을 안다

이 시기의 아이는 1~9의 한 자릿수에 대한 이해에 기초하여 10 이상의 큰 수인 20개가량의 물체를 세고 그 수량을 알게 돼요. 1~10의 수 세기를 하면서 수 이름과 해당되는 수량을 대응하는 데 익숙해지고, 10까지의 숫자 읽기와 쓰기도 가능해져요. 또한 1~9의 수 세기에서 사용된 수 이름의 순서가 10 이상의 수를 셀 때도 '11(십일), 12(십이), 13(십삼)…'처럼 규칙으로 적용된다는 점을 점차 알게 돼요.

④ 구체물을 가지고 더하고 빼는 경험을 한다

이 시기의 아이는 일상생활에서 물체의 수량을 더하거나 빼는 경험을 하고 이로써 수량의 변화를 이해할 수 있어요. 한 자릿수의 구체물을 조작하면서 물체를 합하면 처음보다 수량이 많아지고, 물체를 덜어내면 처음보다 수량이 적어진다는 결과를 경험하지요. 이런 경험이 이후에 덧셈과 뺄셈의 기초를 형성하게 돼요. 따라서 아이가 구체적이고 조작적인 경험을 통해 더하고 감해지는 수량의 변화를 충분히 경험하도록 해주는 것이 바람직해요.

⑤ 위치와 방향을 여러 가지 방법으로 나타낸다

이 시기의 아이는 공간 내에서 물체들 간의 위치, 방향, 거리를 인식하고 이를 언어, 구체물, 그림, 지도 등 여러 가지 방법으로 표현해요. 집이나 놀이터처럼 친숙한 장소를 블록 등으로 공간 구성을 하거나 그림으로 표현하기도 하지요. 그러면서 점차 친숙한 장소까지의 경로를 인식하여 간단한 지도를 만들어보고 옆, 앞, 뒤, 멀리, 가까이 등의 공간 관계를 알게 돼요.

⑥ 여러 방향에서 물체를 보고 그 차이점을 비교한다

이 시기의 아이는 한 물체의 모양이 바라보는 위치와 방향에 따라 달라진다는 것을 알게 되어 각 방향에서 모양을 비교할 수 있어요. 예를 들어, 물체의 모습이 정면에서 봤을 때, 옆에서 봤을 때, 그리고 위에서 내려다봤을 때 서로 다르다고 느끼는 거지요. 이는 위치의 변화에 따른 결과에 대해 아이가 공간적 추론을 하도록 해요.

⑦ 기본 도형의 공통점과 차이점을 안다

이 시기의 아이는 기본적인 평면 도형과 입체 도형의 공통점과 차이점을 구분해요. 위나 옆에서 바라본 입체 도형의 모양을 비교하거나, 입체 도형을 굴리고 세우는 등 다양한 방법으로 탐색하면서 도형들 간의 공통점과 차이점을 알게 돼요. 또한 동그라미, 세모, 네모가 어떤 점에서 같고 다른지를 비교함으로써 도형의 성질에 주목하고, 이에 따라 도형이 다른 크기와 방향으로 제시되거나 비전형적인 모양으로 제시되어도 잘 인식하게 돼요. 예를 들어, 크기나 모양, 제시되는 방향이 달라도 세모는 3개의 변과 3개의 꼭짓점을 갖는다는 공통점을 이야기할 수 있어요.

⑧ 기본 도형을 사용하여 여러 가지 모양을 구성한다

이 시기의 아이는 기본 도형을 나누고 합하여 다양한 모양을 구성하고, 이를 바탕으로 부분과 전체의 관계를 탐색해요. 다른 도형들이 여럿 모여 하나의 도형을 이룰 수 있고, 반대로 하나의 도형이 여러 개의 다른 도형으로 나누어질 수 있다는 사실도 알게 돼요. 갖가지 모양으로 도형을 구성하는 과정에서 아이는 도형을 옮기고, 뒤집고, 돌려요. 그러면서 도형의 이동과 대칭을 경험하며, 기본 도형을 구체적으로 조작하고 변화시키는 것을 반복함으로써 머릿속으로 변화할 형태에 대한 이미지를 생성하는 공간시각화 능력을 키워요.

⑨ 일상생활에서 길이, 크기, 무게, 들이 등의 속성을 비교하고 순서를 정한다

이 시기의 아이는 일상생활에서 길이, 크기, 무게, 들이 등 물체의 측정 가능한 속성을 인식하며 이들 속성을 기준으로 여러 물체를 비교하고 순서를 정할 줄 알게 돼요. 물체를 길이, 크기, 무게뿐만 아니라 그릇에 담을 수 있는 용량 즉, 들이를 기준으로도 비교해요. 처음에는 반복적이며 연속적인 비교를 하다가 점차 순서대로 배열하게 되지요.

⑩ 임의 측정 단위를 사용하여 길이, 면적, 들이, 무게 등을 잰다

이 시기의 아이는 측정할 때 자신의 신체나 연필, 블록 같은 생활 주변의 측정 단위를 사용해요. 처음에는 손 뼘이나 발 크기 등 자신의 신체를 이용하여 측정하다가 점차 신체 단위가 사람마다 다르다는 사실을 깨닫고 더 객관적인 임의 측정 단위를 필요로 해요. 그렇게 연필이나 끈을 이용하여 길이를, 색종이를 이용하여 면적을, 컵을 이용하여 들이를 측정할 수 있음을 이해하게 되고 측정 대상에 따라 적절한 임의 측정 단위를 선택할 줄 알게 돼요.

⑪ 생활 주변에서 반복되는 규칙성을 알고 다음에 올 것을 예측한다

이 시기의 아이는 규칙성을 단순하게 인식하고 따라 하는 수준을 넘어서 다음에 올 것을 예측해요. 또한 제시된 규칙의 중간에 빠진 것을 추론하여 찾아보거나 단순한 규칙을 한 가지 유형에서 다른 유형으로 전이할 수도 있어요. 예를 들어, 요소가 반복되는 '앉고-서고-앉고-서는' 운동적 규칙을 '큰 소리-작은 소리-큰 소리-작은 소리'의 청각적 규칙으로 바꿀 수 있어요.

⑫ 스스로 규칙성을 만든다

이 시기의 아이는 규칙성에 대한 이해를 바탕으로 스스로 단순한 규칙을 만들어요. 예를 들어, 어른이 제시해준 규칙이 없어도 아이 스스로 '빨강색 큰 구슬-노랑색 작은 구슬' 순서를 반복하여 구슬 목걸이를 만들거나 생일 축하 카드에 일정한 규칙으로 스티커를 붙여 장식할 수 있어요.

⑬ 필요한 정보나 자료를 수집한다

이 시기의 아이는 일상생활에서 만나는 수많은 정보나 자료 중에서 필요한 정보를 선별하고 수집할 수 있어요. 탐구할 문제가 생기면 자연스럽게 아이는 '의견 조사하기, 책 찾아보기, 관찰하기, 실험하기' 등의 다양한 방법을 써보고, 그중에서 가장 적절한 방법을 취사선택하는 경험을 해요.

⑭ 한 가지 기준으로 분류한 자료를 다른 기준으로 재분류한다

이 시기의 아이는 수집한 정보와 자료를 한 가지 기준에 따라 분류한 다음, 다시 다른 기준에 따라 분류할 수 있어요. 예를 들어, 자료들을 '모양'이라는 기준에 따라 분류하고 나서 '색깔'이라는 또 다른 기준으로 재분류해요. 수집한 자료의 분류와 재분류는 어떤 기준과 속성에 따라 자료를 분류하고 조직하는 것이 적절한지 결정하는 과정이에요. 그러면서 아이는 왜 자료를 모았고, 어떤 방법으로 정리하면 좋을지 생각하고, 여러 자료의 분류와 정리 기준 중에서 가장 적합한 방법을 찾아보는 경험을 해요.

⑮ 그림, 사진, 기호나 숫자를 사용하여 그래프로 나타낸다

이 시기의 아이는 수집한 자료의 결과를 다른 사람들도 알아보기 쉽게 그림, 사진, 기호나 숫자를 사용하여 그래프로 나타낼 수 있으며, 그래프가 보여주는 결과를 설명할 수도 있어요. 이때 그래프로 알 수 있는 사실들을 이야기하고, '가장 많은, 가장 적은, ~보다 많은, ~보다 적은' 등의 말로 수량적 관계를 설명해요. 이때 아이는 처음에 탐구하려고 했던 문제가 '기초적인 자료 수집과 결과 나타내기'를 통해 어떻게 해결되었는지 확인할 수 있어요.

2) 초등 1, 2학년 수학 교육 내용

영역	핵심 개념	내용 요소
수와 연산	수의 체계	① 네 자릿수 이하의 수
	수의 연산	② 두 자릿수 범위의 덧셈과 뺄셈
		③ 곱셈
도형	평면 도형	④ 평면 도형의 모양
		⑤ 평면 도형과 그 구성 요소
	입체 도형	⑥ 입체 도형의 모양
측정	양의 측정	⑦ 양의 비교
		⑧ 시각과 시간
		⑨ 길이
규칙성	규칙성과 대응	⑩ 규칙 찾기
자료와 가능성	자료 처리	⑪ 분류하기
		⑫ 표
		⑬ 간단한 그래프

① 네 자릿수 이하의 수

0과 100까지의 수 개념을 이해하며, 수를 읽고 쓸 수 있어요. 네 자릿수 이하의 수의 범위에서 수의 계열을 이해하고, 수의 크기를 비교할 수도 있어요. 또한 하나의 수를 두 수로 분해하거나 두 수를 하나의 수로 합성하는 활동으로 수 감각을 기르게 돼요.

② 두 자릿수 범위의 덧셈과 뺄셈

덧셈과 뺄셈이 이루어지는 실생활 상황에서 덧셈과 뺄셈의 의미를 이해하게 돼요. 그러면서 두 자릿수의 범위에서 덧셈과 뺄셈의 계산 원리를 이해하고 그 계산을 하게 되지요. 또 □가 사용된 덧셈식과 뺄셈식을 만들고, 그 값을 구할 수 있어요.

③ 곱셈

곱셈이 이루어지는 실생활 상황에서 곱셈의 의미를 이해하고, 한 자릿수의 곱셈을 할 수 있어요.

④ 평면 도형의 모양

교실과 생활 주변에서 물건들을 관찰하여 삼각형, 사각형, 원의 모양을 찾고, 이를 이용하여 여러 가지 작품을 만들 수 있어요. 삼각형, 사각형에서 각각의 공통점을 찾아 말하고, 더 나아가 일반화할 수도 있어요. 그리고 삼각형, 사각형, 원을 직관적으로 이해하고 그려요.

⑤ 평면 도형과 그 구성 요소

교실과 생활 주변에서 물건들을 관찰하여 삼각형, 사각형, 원의 모양을 찾고, 이를 이용하여 다양한 모양을 꾸밀 수 있어요. 그리고 삼각형, 사각형에서 각각의 공통점을 찾고, 더 나아가 일반화하여 오각형, 육각형을 구별할 수 있어요.

⑥ 입체 도형의 모양

교실과 생활 주변에서 물건들을 관찰하여 직육면체, 원기둥, 구의 모양을 찾고, 이를 이용하여 여러 모양을 만들어요. 또 쌓기나무 블록으로 갖가지 입체 도형의 모양을 만들고, 위치나 방향을 이용하여 그 모양을 설명해요.

⑦ 양의 비교

구체물의 길이, 들이, 무게, 넓이를 비교하여 각각을 비교할 수 있어요.

⑧ 시각과 시간

시계를 보고 시각을 분 단위까지 읽을 수 있어요. 또한 1시간이 60분임을 알고 시간을 시간과 분으로 표현할 수 있어요.

⑨ 길이

길이를 나타내는 표준 단위를 알고, 이를 이용하여 길이를 측정할 수 있어요. 그리고 여러 가지 물건의 길이를 어림해보고, 길이에 대한 양감을 길러요. 실생활의 문제 상황 속에서 길이의 덧셈과 뺄셈도 할 수 있어요.

⑩ 규칙 찾기

물체, 무늬, 수 등의 배열에서 규칙을 찾아 온갖 방법으로 나타낼 수 있어요. 또한 자신이 정한 규칙에 따라 물체, 무늬, 수 등을 배열할 수 있어요.

⑪ 분류하기

교실과 생활 주변에 있는 물건들을 정해진 기준 또는 자신이 정한 기준으로 분류하여 수를 세고, 기준에 따른 결과를 말할 수 있어요.

⑫ 표

분류한 자료를 표로 나타내고, 표로 나타내면 편리한 점을 말할 수 있어요.

⑬ 간단한 그래프

분류한 자료를 그래프로 나타내고, 그래프로 나타내면 편리한 점을 말할 수 있어요.

3) 이 책과 유아 수학, 초등 수학 교육의 연계

지금까지 살펴본 내용을 바탕으로 만들어진 이 책은 다음처럼 구성되어 있어요. 이 책을 활용하면 가정에서도 체계적으로 수학 개념을 아이에게 심어줄 수 있어요. 여기서 주의할 점! 교육 과정도 중요하지만 아이가 수학에 흥미를 갖게 하는 것이 더 중요하니, 만일 어떤 놀이를 재미없어한다면 잠시 멈추고 다른 놀이에 도전해보도록 해요.

영역	학습 요소	이 책의 놀이
수와 연산	10까지의 수 이름 알기(기계적 수 세기)	2장 01. 숫자야 꼭꼭 숨어라
	5까지의 수 알기(조작적 수 세기)	1장 01. 아기 돼지가 오형제라면?
	5까지의 수 가르기와 모으기	1장 02. 5를 만들어라
	10까지의 수 알기(조작적 수 세기)	1장 03. 신문지로 집안 눈싸움하기
	10까지의 수 가르기와 모으기	1장 07. 맛있는 시리얼로 수 나타내기

영역	내용	활동
수와 연산	20까지의 수 덧셈과 뺄셈	1장 08. 계란판으로 놀기 2
	띄어 세기, 배수의 개념 알기	1장 13. 토끼가 많아지면 당근은 몇 개 필요할까?
공간과 도형	삼각형, 사각형, 원 분류하기(직관적 이해)	2장 11. 똑같은 모양끼리 모아보자
	삼각형, 사각형, 원의 특징 이해하기	1장 15. 세모, 네모 빨대로 비눗방울 놀이를
	다각형의 특징 이해하기	1장 14. 채소 스탬프 꾹꾹
	입체 도형 분류하고 찾아보기(직관적 이해)	1장 17. 우리 집에서 찾아보는 입체 도형
	입체 도형의 특징 이해하기(분석적 이해하기)	1장 21. 이것은 어떤 도형일까?
	칠교 조각과 도형 퍼즐 이용하여 평면 도형 이해하기	2장 12. 색종이로 만드는 도형 퍼즐 2장 19. 칠교 조각, 가장 넓은 것을 찾아라
	쌓기나무 블록 이용하여 입체 도형 이해하기	1장 19. 내가 쌓은 대로 똑같이 쌓아봐
	도형의 대칭과 회전 이해하기	1장 18. 블록으로 대칭 그림 만들기 2장 15. 내 반쪽을 찾아줘
측정	직접 비교하기	1장 24. 이 신문지가 더 길어! 1장 25. 무엇이 더 무거울까?
	임의 단위를 이용하여 비교하기	1장 26. 우리 가족의 발길이 2장 19. 칠교 조각, 가장 넓은 것을 찾아라
	약속된 단위를 이용하여 비교하기	4장 07. 무게가 궁금할 때, 저울 교구
	시계 읽기	2장 20. 시계 속에 담긴 나의 하루
	1분, 1시간, 1일, 1주일, 1개월, 1년 사이의 관계 알기	2장 20. 시계 속에 담긴 나의 하루
규칙성	121212의 2가지 단순 반복 패턴 이해하기	1장 27. 순서대로 척척 과일 꼬치
	123123123의 3가지 단순 반복 패턴 이해하기	1장 28. 시리얼로 만드는 나만의 목걸이
	112311231123의 복합 패턴 이해하기	1장 28. 시리얼로 만드는 나만의 목걸이
	스스로 만든 패턴으로 물체, 무늬, 수 등 배열하기	2장 22. 쓱싹쓱싹 나만의 패턴 만들기
	하나의 패턴을 다른 형태의 패턴으로 변환하기	2장 23. 무릎 치고 손뼉 치고 짝짝!
자료 정리	단순 분류하기	1장 29. 책장으로 작은 도서관 만들기
	복합 분류하기	2장 25. 벤다이어그램 분류 놀이 3장 15. 돌을 끼리끼리 나누어요
	유목 포함 분류하기	4장 08. 도형 그리기, 지오보드
	분류한 자료를 표나 그래프로 나타내고, 설명하기	2장 24. 나는 일주일에 책을 몇 권 읽을까?

아이의 수학적 능력, 어떻게 발달되는 걸까?

1) 수학과 영역별 발달 단계

유아의 수학적 능력 발달을 다루는 연구는 다양한 분야에서 이루어지고 있어요. 각 연구들마다 관점이나 구체적인 발달 수준에 대한 견해는 다르지만, 공통적으로 "영유아도 수학적 지식을 구성할 수 있는 수학적 능력을 가지고 있다"라고 해요. 그러므로 각 영역별 아이의 발달을 이해하고 이에 따라 수학 놀이를 구성하는 것은 아이가 한 단계 더 높은 수학적 개념을 갖는 데에 도움이 될 거예요.

학자들이 제시하는 수학과 영역별 발달 단계는 다음의 표와 같아요. 부모님들께서는 아이가 어느 단계에 있는지 확인한 뒤 이를 바탕으로 함께 놀이를 하세요. 이때 아이가 오류를 범하더라도 다그치지는 것은 금물이에요. 이 또한 발달 과정에서 자연스럽게 있는 일이거든요.

영역	단계	1단계	2단계	3단계	4단계
수와 연산	① 수 개념	직관적 비교	직관적 대응 → 1장 01번 놀이	조작적 대응 → 1장 03번 놀이	
	② 수 세기	기계적 수 세기 → 2장 01번 놀이	조작적 수 세기 → 1장 05번 놀이		
공간과 도형	③ 공간	자신의 시야 안 공간 인식	자기중심적 공간 인식 → 3장 11번 놀이	상대적 공간 인식 → 2장 14번 놀이	
	④ 도형	시각화 → 1장 14번, 17번 놀이 / 2장 11번 놀이	분석1 수준 → 1장 15번, 21번 놀이	분석2 수준 → 4장 08번 놀이	분석3 수준

		3~4세:	5~6세:	6~7세:	
측정	⑤ 순서 짓기	단순 순서 짓기	이중 순서 짓기	복합 순서 짓기	
		→ 1장 24번 놀이	→ 1장 25번 놀이	→ 3장 13번 놀이	
규칙성	⑥ 규칙성	규칙석 인식 전	규칙성의 단순 인식 및 따라 하기	규칙성 구성 및 전이 출현	복잡한 규칙성 구성 및 전이
			→ 1장 27번 놀이	→ 2장 23번 놀이	→ 2장 22번 놀이
자료 정리	⑦ 분류	임의 분류	단순 분류	복합 분류	유목 포함
			→ 1장 29번 놀이	→ 2장 25번 놀이	→ 4장 08번 놀이

2) 영역별 내용

(1) 수와 연산

① 수 개념 발달

1단계. 직관적 비교

두 집단의 수를 비교할 때 일대일로 대응시키지 못해요. 사물이 차지하는 공간의 넓이나 길이처럼 지각적으로 두드러진 특징만을 고려하여 사물의 양을 판단해요.
따라서 아이는 다음처럼 원이 제시되면 아래쪽에 원이 더 많다고 해요.

2단계. 직관적 대응

두 집단의 사물끼리 일대일로 대응시키기는 하지만, 그 수가 많아지면 직관적으로 수를 판단해요.
따라서 아이는 다음처럼 원이 제시되면 위아래 원의 개수가 같다고 해요.

또한 아이는 다음 경우에는 아래쪽에 원이 더 많다고 해요.

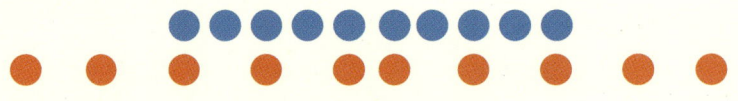

3단계. 조작적 대응

두 집단의 사물끼리 일대일로 대응을 시킬 수 있어요. 직관에 의존하지 않고 사물의 양을 비교해요. 따라서 아이는 다음처럼 원이 제시되면 위아래 원의 개수가 같다고 해요.

② 수 세기 발달

1단계. 기계적 수 세기

기억에 따라 숫자와 이름을 순서대로 암기해요. 모든 물체를 반드시 한 차례만 세어야 한다는 것을 이해하지 못하기 때문에 하나의 물건을 두 차례 세거나 건너뛰고 세기도 해요.

2단계. 조작적 수 세기

각 숫자의 이름을 물체와 순서대로 짝 지을 수 있는 단계예요. 그전에 5가지 원리를 이해하고 있어야 가능해요.

- 안정된 순서의 원리: 어른이 사용하는 수와 명칭을 순서대로 기억해야 해요.
- 일대일 대응의 원리: 물체 하나에 한 차례만 수 단어를 불러야 해요.
- 추상화의 원리: 세는 대상이 가시적인 것이 아닐 수 있어요.
- 수 불변의 원리: 어떤 방향으로 세든지, 어떤 순서로 세든지 수는 같아요.
- 기수의 원리: 물체를 셀 때 마지막 항목에 적용된 수 단어가 그 물체의 수를 나타내요.

(2) 공간과 도형

③ 공간 개념 발달

1단계. 자신의 시야 안 공간 인식(8~24개월)

가지고 놀던 공이 사라졌을 때 없어진 경로를 정신적으로 그려서 위치를 추적해요.

⬇

2단계. 자기중심적 공간 인식(2~4세)

사물이 다른 측면에서 어떻게 보일지 이해하기 어려워해요. 이렇듯 모양이나 크기, 형태, 방향에 대한 개념이 완전하지는 않지만, 위치에 대한 개념은 생기기 시작해요.

⬇

3단계. 상대적 공간 인식(5~7세)

사물을 다른 사물과 관련지어 이해해요. 사물의 상대적인 위치 알기, 유치원에서 자신의 자리와 옆자리 친구들 알기, 우리 집 주변의 간단한 지도 그리기가 가능해요.

④ 도형 개념 발달

1단계. 시각화

외형적인 형태를 바탕으로 도형을 지각하고, 비슷한 도형끼리 묶어 이름을 말해요. 도형의 속성을 이해하는 것은 아직 어려워해요. 예를 들어, '변이 3개, 각이 4개'와 같은 개념은 잘 몰라요.

⬇

2단계. 분석1 수준

시각적 수준에서 모양을 인식하고, 완전하지는 않지만 모양의 특성이나 성질을 말해요. 예를 들어, "선이 3개 필요해요"라고 해요.

⬇

3단계. 분석2 수준

도형에 대해 언어적으로 말하고, 부분적으로 도형에 대한 추상적인 지식을 보여요. 예를 들어, "삼각형 내각의 합은 180도예요"라고 해요.

3단계. 분석3 수준

도형에 대한 추리적 관계를 포함하는 추상적 지식을 사용해요. 예를 들어, "두 변이 한 점에서 만났을 때 마주보는 각의 크기는 같아요"라고 해요.

(3) 측정

⑤ 순서 짓기 발달

1단계. 단순 순서 짓기

하나의 속성에 따라 물체를 순서대로 배열해요. 예를 들어, 물체를 키(높이) 순서대로 줄지어놓아요.

2단계. 이중 순서 짓기

두 집단의 사물들을 일대일로 대응시키면서 순서대로 배열해요. 큰 곰—중간 곰—작은 곰을 배열하고 큰 곰에게는 큰 피자를, 중간 곰에게는 중간 피자를, 작은 곰에게는 작은 피자를 주는 행동을 해요.

3단계. 복합 순서 짓기

길이와 높이 등 2가지 다른 속성을 동시에 고려하면서 순서화해요.

(4) 규칙성

⑥ 규칙성 발달

1단계. 규칙성 인식 전

사물이나 양상의 규칙성을 표현하지 못해요.

2단계. 규칙성의 단순 인식 및 따라 하기

예시로 제시한 규칙성을 인식하고 모방해요.

3단계. 규칙성 구성 및 전이 출현

규칙에 따라 사물을 여러 가지 방식으로 놓고 다른 유형으로 바꾸어 표현할 수 있어요.

4단계. 복잡한 규칙성 구성 및 전이

자발적으로 규칙성을 새롭게 구성할 수 있어요.

(5) 자료 정리

㉦ 분류 개념 발달

1단계. 임의적 분류(2~3세경)

사물의 유사성이나 차이점과 관계없이 자신의 주관적 기준에 따라 사물을 분류해요.

2단계. 단순 분류(4~6세경)

현저하게 눈에 띄는 하나의 공통된 기준에 따라 분류해요. 색깔, 모양, 크기 등의 분류 기준을 사용해요.

3단계. 복합 분류(7~8세경)

2가지 또는 그 이상의 공통 기준에 따라 사물을 분류해요. 벤다이어그램 등의 도구를 사용하여, 색깔이 빨갛고 구멍이 2개인 단추, 색깔이 노랗고 구멍이 4개인 단추를 분류해요.

4단계. 유목 포함(8~9세경)

부분 유목들은 더 큰 유목에 포함된다는 것을 이해해요. 빨강색 사각형과 빨강색 삼각형을 여럿 보여주면, 모양에 따라 삼각형, 사각형으로 나눌 수 있고, 모두가 '빨강색'이라는 보다 큰 집단에 속한다는 것을 알아요.

영역별로 이렇게 수학놀이를 해요

1) 수

(1) 수 세기

"하나, 둘, 셋…." 아이가 계단을 오를 무렵, 이렇게 계단 개수를 세며 올라가는 모습을 종종 볼 수 있어요. 수 세기는 2세경부터 시작되며 입학 전이면 100까지의 수를 세기도 해요. 수 세기는 수 개념의 기초를 형성한다는 점에서 중요한 활동이에요. 아이와 함께 수 세기를 할 때는 다음 사항에 유의해요.

- 하나의 물체에 하나의 수 단어를 부여해요. ➡ 일대일 대응의 원리
- 사물의 수를 셀 때 '하나' 다음에 '둘, 셋, 넷…' 식으로 수 이름을 일관성 있게 세요. ➡ 안정된 순서의 원리
- 보이는 것을 세듯 보이지 않는 것도 세요. "3번만 더 할게", "세 밤 자고 놀러 가자" 등의 일상생활 속 말들처럼요. ➡ 추상화의 원리
- 마지막 항목에 적용된 수 단어는 그 집합의 전체 수를 나타내요. ➡ 기수의 원리
- 어느 방향으로 세더라도 수량은 일정해요. ➡ 순서 무관의 원리
- 우리말에서는 고유의 수 단어(하나, 둘, 셋…)와 한자 수 단어(일, 이, 삼…)를 사용해요. 이때 두 종류의 단어를 섞어서 사용하지 말아야 해요.
- 다양한 방법으로 수를 셀 수 있어요. 하나씩 세기, 띄어 세기, 거꾸로 세기 등 다양한 방법으로 수 세기를 경험해요.
- 100까지 수를 셀 때는 10 단위의 수 세기 단어를 먼저 익혀요. '열, 스물, 서른…' 등으로요.

그렇다면 가정에서는 어떻게 아이에게 수 세기를 지도하면 좋을까요? 이 3가지는 반드시 지키는 게 좋아요.

첫째, 일상생활에서 다양한 수 세기를 경험하게 해요.
일단 아이를 책상 앞에 앉게 한 다음 어른이 "지금부터 수 세기를 할 거야"라며 수 세기를 시키는 방식은 아이의 흥미를 떨어뜨리기 마련이에요. 식사 시간에 사람 수만큼 숟가락 놓기, 5개에 1만 원짜리 사과 구입하기 등 평상시에 아이가 다양한 수를 경험하게 해요.

둘째, 기수와 서수, 한자어와 고유어의 수 세기를 적절히 활용하게 해요.
우리말에서 사람은 '한 명, 두 명…'이라고 세고, 연수는 '일 년, 이 년…'이라고 셉니다. 심지어 시간을 표현할 때는 '다섯 시 삼십 분'처럼 고유어와 한자어를 섞어서 해요. 각각의 용어가 사용되는 예를 자주 제시해서 아이가 혼동하지 않도록 도와주어요.

셋째, 충분히 큰 수를 경험하게 해요.
사실 100까지의 수를 다루는 것은 초등 1학년 2학기 때지만, 그전에도 아이는 큰 수 세기에 관심이 많아요. 사탕 한 봉지에 들어 있는 사탕의 개수, 마트에서 물건을 살 때 사용하는 돈의 단위 등 생활 속에서 큰 수를 경험하게 하면 아이의 수 개념 발달에 도움이 돼요.

(2) 수 연산

수 연산의 기초가 되는 활동 중 하나는 수의 부분과 전체의 관계를 이해하게 하는 거예요. 이를 위해서는 10 이하의 수를 여러 방법으로 나누게 하는 활동이 도움돼요. 수 연산과 관련된 개념을 아이가 습득하게 할 때 고려할 사항은 다음과 같으니 참고해주세요.

첫째, 기호 사용은 나중으로 미루어요.
더하기(+), 빼기(−) 등의 기호가 포함된 문제를 너무 일찍 접하면 오히려 아이는 혼란스러울 수 있어요. 처음에는 구체적인 사물을 활용하여 더하거나 빼는 활동을 해요.

둘째, 구체물과 교구를 충분히 활용해요.

구체물과 교구로 크기와 모양이 일정한 사물을 세는 것에서 시작해서 점차 다양한 물건을 세요.

셋째, 일상생활에서 수 연산을 경험하게 해요.

마트에서 물건 사기, 보드게임을 하며 점수 합산하기, 정해진 수만큼 젤리 먹기 등 아이가 흥미를 가질 만한 상황에서 수 연산을 경험하게 해요.

넷째, 다양한 연산 유형을 경험하게 해요.
- 사탕 3개가 있는데 2개를 더 샀다면, 사탕은 총 몇 개일까? ➡ 첨가
- 엄마는 사탕이 3개 있고 아빠는 사탕이 2개 있다면, 사탕은 모두 몇 개일까? ➡ 합병
- 사탕이 5개 있었는데 친구에게 사탕을 2개 주었다면, 사탕은 몇 개 남았을까? ➡ 구잔
- 아빠는 사탕이 5개 있고 엄마는 사탕이 2개 있다면, 누가 얼마나 더 많을까? ➡ 구차

2) 공간과 도형

(1) 공간

공간 개념은 위치, 방향, 시각적 기억 및 표상 등과 관련이 있어요. 우리 집의 방향을 알고, 유치원까지 가는 길을 시각적으로 기억하는 등 아이가 일상생활을 할 때도 필수적인 개념이지요. 이를 지도하는 방법은 다음과 같아요.

첫째, 공간적 관계를 표상하는 활동을 자주 경험하게 해요.

집 내부 지도, 동네 지도, 동물원 지도 등을 보고 특정 지점을 찾아가기, 쌓기나무 블록으로 작품 만들기, 입체 작품 만들기 전에 구상하기 등은 아이에게 의미 있는 공간 표상 활동이 될 수 있어요.

둘째, 아이가 대상이나 사물을 다양한 방향에서 관찰하고 표현하게 해요.

이 시기의 아이는 보는 방향에 따라 물건의 모양이 달라질 수 있다는 사실을 이해하기 어려워해요. 이 같은 사고의 한계는 다양한 방향에서 물건을 관찰하고, 이를 바탕으로 상대방 관점에서 물건이 어

떤 모양으로 보일지 생각하게 하면 점차 극복이 가능해요.

셋째, 일상생활에서 위치, 거리, 방향 등에 관한 단어에 익숙해지게 해요.
'책상 위에 있는 물건', '곰 인형 오른쪽에 있는 인형' 등 다양한 관점에서 위치, 거리, 방향 등을 표현하는 단어를 접하면 공간과 관련 있는 용어와 개념을 익히는 데 도움이 돼요.

(2) 도형

영아기부터 아이는 손과 눈으로 다양한 도형을 조작하고 탐색해요. 장난감을 굴리고 집에 있는 물건들을 입에 가져다 대며 각각의 특성을 이해하게 되지요. 도형들의 공통점과 차이점을 알게 되면 도형을 분류하고 속성을 구별하게 돼요. 이를 도와주는 놀이 방법은 다음과 같아요.

첫째, 도형의 공통점을 바탕으로 분류하는 활동이 도형의 속성을 아는 것보다 먼저예요.
"이것이 세모야"라고 직접적으로 알려주기보다는, 세모와 세모가 아닌 도형을 분류한 다음에 세모인 도형들의 공통점을 찾아 그것을 '세모'라고 명명하도록 해요.

둘째, 도형을 다양한 방법으로 탐색하도록 해요.
도형을 돌리거나 뒤집어 조작하는 것은 아이의 공간 개념을 증진시켜요. 이를 위해서는 칠교 놀이나 펜토미노 등의 교구를 활용하는 것도 좋아요.

셋째, 평면과 입체의 관계를 이해하게 해요.
평면 도형인 '네모'를 익힌 아이가, 육면체의 입체 도형을 보고도 "네모"라고 이야기하는 것을 종종 볼 수 있어요. 평면 도형과 입체 도형을 구분하게 해요.

넷째, 일상생활에서 아이가 접하는 것들로부터 시작해요.
아이가 가지고 노는 장난감, 아이의 식기 등 주변에 있는 물건에서 형태를 발견하고 명명할 수 있도록 도와요.

아이와 어른이 알아야 할 도형의 특징

평면 도형

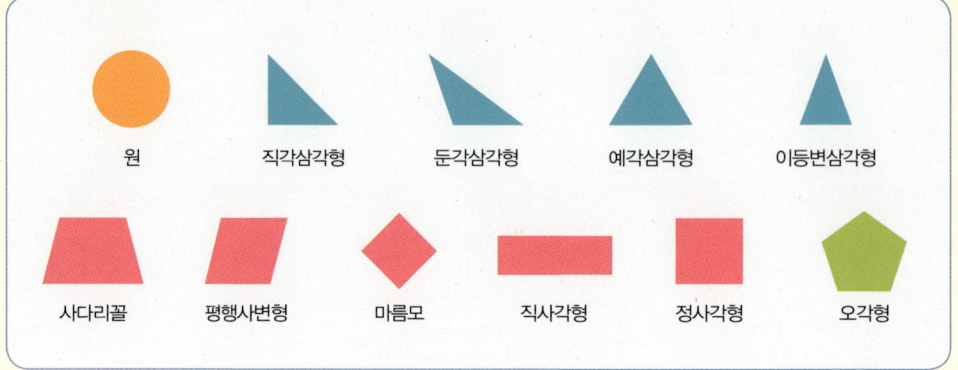

원	동그란 모양이에요.
삼각형	변(선)과 꼭짓점(뾰족한 곳)이 3개씩 있어요. 변의 길이가 다 같지 않아도 돼요. 삼각형은 4종류로 나누어져요. ① 직각삼각형: 한 각이 직각인(네모반듯한) 삼각형. ② 둔각삼각형: 한 각이 직각보다 큰(뚱뚱한) 삼각형. ③ 예각삼각형: 모든 각이 직각보다 작은(뾰족한) 삼각형. ④ 이등변삼각형: 두 변의 길이가 작은 이등변삼각형.
사각형	변과 꼭짓점이 4개씩 있어요. 변의 길이가 다 같지 않아도 돼요. 사각형은 5종류로 나누어져요. ① 사다리꼴: 한 쌍의 변(마주보는 두 개의 선)이 평행한(나란한) 사각형. ② 평행사변형: 두 쌍의 변이 나란한 사각형. ③ 마름모: 네 변의 길이가 모두 같은 사각형. ④ 직사각형: 네 각이 모두 직각이고, 변의 길이는 모두 같기도 다르기도 한 사각형. ⑤ 정사각형: 네 변의 길이가 모두 같고, 네 각이 모두 직각인 사각형.
오각형	변과 꼭짓점이 5개씩 있어요. 변의 길이가 다 같지 않아도 돼요.

입체 도형

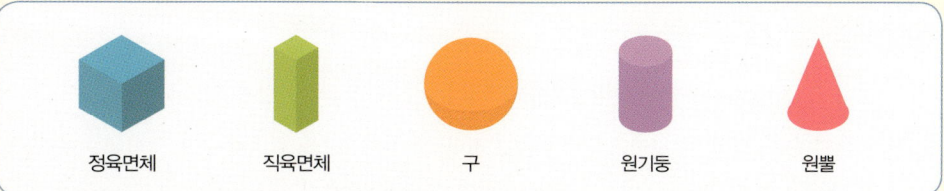

정육면체　네모가 6개 있어요. 네모 크기와 모양이 다 같아요.
직육면체　네모가 6개 있어요. 네모 크기와 모양이 같지 않아도 돼요.
구　　　　공처럼 생겼어요. 여러 방향으로 잘 굴러가요.
원기둥　　위아래에 평평한 동그라미가 2개 있어요. 한 방향으로 데굴데굴 굴러가요.
원뿔　　　한 면은 평평한 동그라미지만, 반대쪽은 뾰족해요. 고깔모자 모양이에요.

3) 측정

"내가 더 빨리 갔어." "내 과자가 더 커." 이렇듯 아이는 생활 속에서 자연스럽게 비교하는 말을 사용하게 돼요. 측정은 사물의 특성을 비교하고 순서 짓는 것에서부터 비교한 차이가 어느 정도인지 알고자 할 때 이루어져요. 아이의 측정 능력 발달을 위해 고려할 사항은 다음과 같아요.

첫째, 일상생활에서 측정을 경험하게 해요.
"5분만 더 하자." "무엇이 더 긴지 어떻게 알 수 있을까?" 어른의 이런 질문은 아이가 스스로 측정 활동에 참여하고 흥미를 갖게 만들어요.

둘째, 다양한 영역에서 측정을 경험하게 해요.
가장 쉽게 접할 수 있는 길이뿐만 아니라 부피, 무게, 시간 등 다양한 영역의 측정을 하고, 이를 말로 표현하게 해요.

셋째, 측정은 다음 순서로 학습하게 해요.
- 대상의 단순 비교: 엄마 발-아이 발을 직접 잰 다음, 누가 더 긴지 알아보아요.
- 비교하여 순서 정하기: 엄마 발-아빠 발, 엄마 발-아이 발을 잰 다음, 발 길이대로 순서를 정해요.
- 임의 단위로 측정하기: 집에 있는 작은 물건으로 발을 재요. 예를 들어, 클립을 활용하여 '엄마 발은 클립이 8개 반, 아이 발은 클립이 5개' 이런 식으로요.
- 표준화된 단위로 측정하기: 긴 자를 활용해요. '아빠 발은 27센티미터, 아이 발은 15센티미터' 이런 식으로요.

4) 규칙성

"왼발, 오른발, 왼발, 오른발." 아이는 누가 가르쳐주지 않아도 스스로 규칙을 정하고, 이에 따라 활동하기 시작해요. 규칙성에 대한 이해를 보다 넓힐 수 있도록 다음처럼 해요.

첫째, 만들어진 규칙을 충분히 경험하게 해요.
다양한 규칙을 경험하지 않으면 자신만의 규칙을 만드는 것을 어려워하거든요.

둘째, 다양한 형태의 규칙성 만들기를 경험하게 해요.
무늬, 도형뿐 아니라 숫자, 위치 등 다양한 형태의 패턴을 경험하는 것은 나중에 배우게 될 함수와 대수에 대한 이해의 기초가 돼요.

셋째, 책상이 아닌 일상생활에서 패턴을 만나게 해요.
복도의 타일, 키즈 카페 신발장 등 여러 장소에서 패턴을 찾을 수 있어요. 이는 아이가 패턴에 대한 흥미를 갖도록 하는 데 도움이 되지요.

5) 자료 정리

자신에게 필요한 정보를 찾은 뒤 필요한 형태로 조직하고 해석하는 능력은 정보가 넘쳐나는 4차 산업 혁명 시대에 가장 필요한 능력 중 하나예요. 수학에서 다루는 '자료 정리' 능력은 이를 위한 기초가 되지요. 아이의 자료 정리 능력 발달을 돕는 방법은 다음과 같아요.

첫째, 아이가 알고자 하는 정보가 무엇이고, 어떤 방법을 사용하여 정보를 모으는지 알려주어요.
이때 반드시 아이와의 대화를 통해 결정해요. 만일 우리 가족이 일주일 동안 손 씻는 횟수가 궁금하다면 이를 어떻게 확인할지(손 씻을 때마다 스티커를 붙인다 등)를 계획해요.

둘째, 수집한 결과를 표나 그래프로 나타낼 때에는 발달 단계를 고려해요.
처음에는 스티커 붙이기, 동물이나 사람 그림 활용하기 등 구체물을 활용하다가, 아이가 익숙해지면 상징적인 그래프로 표현해요.

셋째, 정리된 그래프를 보고 알 수 있는 사실을 아이가 자신의 언어로 정리하게 해요.
이렇게 하면 정리된 자료에 대한 이해력이 높아지고 해석력까지 발달돼요.

1장

집에서 간단한 물건으로 놀아요

이제부터 일상에서 쉽게 만날 수 있는 다양한 물건을 교구로 이용하여 아이에게 수학을 경험하게 해줄 수 있는 놀이를 소개해요. 그럴듯한 장난감이나 수학 교구는 당연히 아이의 수학적 개념을 키워주는 데 큰 도움이 돼요. 하지만 부모님들께서는 일상 속 친밀한 물건들이야말로 아이가 편안하게 대하며 놀 수 있다는 점, 그래야 수학적 사고를 하는 데 재미를 느낄 수 있다는 점을 기억해주세요!

수와 연산

01
아기 돼지가 오형제라면?

수 세기, 연산의 가장 기본이 되는 원리 중 하나는 '일대일 대응'이에요. 아이가 평소에 재미있게 읽었던 동화책을 이용해서 일대일 대응의 개념을 익힐 수 있는 놀이를 해요. 나아가 융합적 사고 능력까지 향상시킬 수 있어요.

- 선행 개념　10까지의 수 알기
- 목표 개념　일대일 대응을 통한 수 세기
- 준 비 물　종이, 색연필, 《아기 돼지 삼형제》 동화책

선행 개념을 확인해요

숫자를 1부터 10까지 세어볼까?

1 ○ ○ ○ ○ ○ ○ ○ ○ 10

이렇게 놀아요

1 《아기 돼지 삼형제》 동화책을 아이와 어른이 같이 읽어요.

2 첫째 돼지, 둘째 돼지, 셋째 돼지의 집이 각각 무엇으로 만들어졌는지 이야기 나누고, 집이 총 몇 채인지도 알아보아요.

3 만약 돼지가 4마리, 5마리, 6마리… 10마리가 있다고 가정하고, 그때마다 어른이 "집이 총 몇 채인지 생각해볼까?" 하고 질문해요.

4 종이에 그림을 그리며 차근차근 정답을 확인해요.

▶ 순서를 나타내는 말(첫째, 둘째, 셋째…)과 개수를 나타내는 말(한 개, 두 개, 세 개…)을 구분해서 잘 알려주어요.
▶ 아이가 그림을 그리기를 어려워할 때는 색종이를 집 모양으로 여러 개 잘라서 돼지 얼굴 아래에 하나씩 놓아요.

 놀이 내용을 확인해요

돼지 5마리가 있어. 각자 1채씩 집을 지었다면 집은 총 몇 채일까?

수와 연산

02
5를 만들어라!

전체를 다른 개수로 나누는 활동은 아이가 더하기와 빼기의 개념을 이해하는 데 도움이 돼요. 그리고 기준이 되는 수를 정하여 다양한 방법으로 나누는 활동은 수 개념의 기초를 든든히 다지게 해요.

- **선행 개념**   10까지의 수 세기
- **목표 개념**   5까지의 수 가르기와 모으기
- **준 비 물**   종이, 필기구, 바둑돌

선행 개념을 확인해요

- 숫자를 10까지 세어볼까?
- (바둑돌 5개를 놓으며) 여기에 바둑돌이 몇 개 있지?

이렇게 놀아요

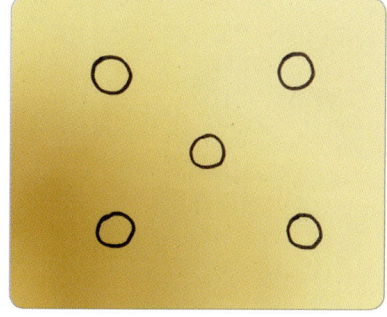

1 종이에 색연필로 동그라미를 5개 그려요.

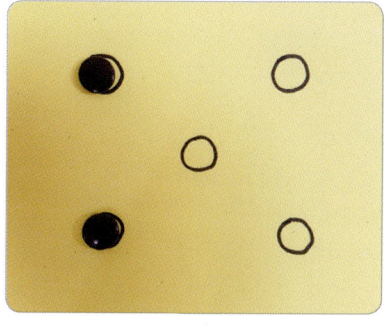

2 어른이 동그라미 2개에 바둑돌을 놓으며 "5개가 되려면 몇 개가 더 필요할까?" 질문해요.

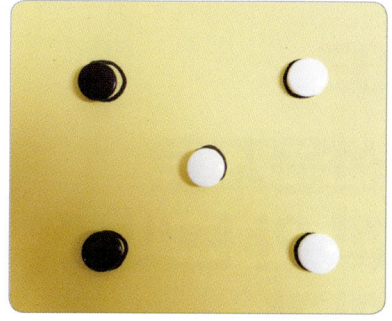

3 나머지 바둑돌을 놓으며 정답을 확인해요.

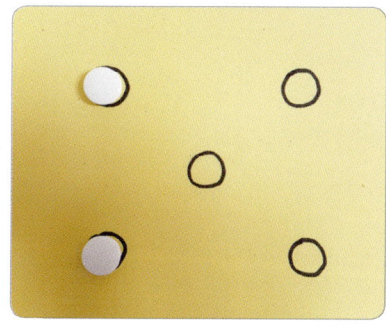

4 이번에는 역할을 바꾸어 아이가 질문을 하도록 해요.

 **놀이를 더 재미있게 하는 팁**

▶ 동그라미를 5개 그릴 때는 2개와 3개로 나누어 그리거나, 위에서 했던 것처럼 주사위 모양으로 그려요. 수가 나누어진 모습이 잘 보여서 아이가 숫자 5를 더욱 빨리 인지할 수 있어요.

Upgrade 도화지에 바둑돌을 놓지 말고 빈 동그라미만 보며 놀이해요.

 놀이 내용을 확인해요

토리가 사탕 5개를 먹고 싶어 하는데 지금 3개밖에 없어. 몇 개를 더 사면 될까?

수와 연산

03
신문지로 집 안 눈싸움 하기

덧셈과 뺄셈의 기본 원리 중 하나는 '10의 보수'를 이해하는 거예요. 이것은 받아올림과 받아내림이 있는 가감산을 할 때에도 필요한 원리지요. 신나게 공 던지는 놀이를 한 다음에 10의 보수 개념까지 경험하는 활동을 살펴보아요.

- **선행 개념**   10까지의 수 세기, 5까지의 수 가르기와 모으기
- **목표 개념**   100까지의 수 가르기와 모으기
- **준 비 물**   신문지

 선행 개념을 확인해요

- 숫자를 10까지 세어볼까?
- 빈칸에 들어갈 숫자는 무엇일까?

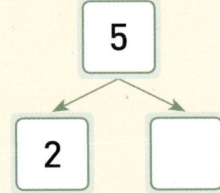

44

이렇게 놀아요

1. 신문지를 똘똘 뭉쳐서 공을 10개 만들어요.

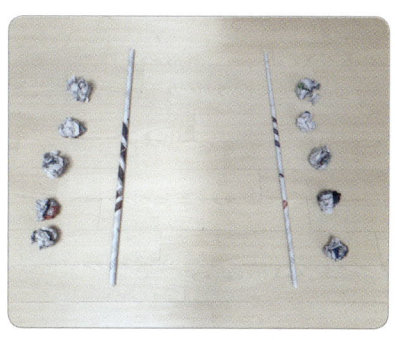

2. 신문지를 길게 꼬아 만든 경계선을 사이에 두고 양쪽에 공을 5개씩 두어요.

3. '시작' 신호와 동시에 자기 진영에 있는 신문지를 상대편 진영으로 던져요.

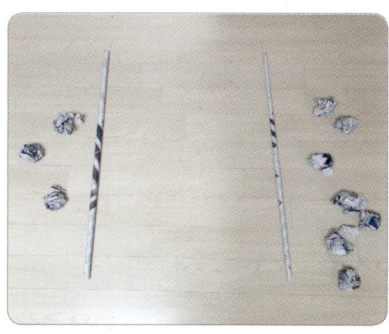

4. 잠시 뒤, 놀이가 끝나면 양쪽에 있는 신문지 공의 개수를 세요.

놀이를 더 재미있게 하는 팁

▶ 책을 활용하여 경계선을 만들어도 좋아요. 이때 경계선을 한 줄로 얇게 만들기보다는 두 줄로 넓게 만들면 더 활동적으로 놀 수 있어요.
▶ 아이가 던지기 활동에 거부감을 보이나요? 그럴 때는 각 진영을 책 한 권으로 작게 설정한 다음, 자기 진영의 공을 가지고 상대편 진영으로 달려가 옮기는 활동으로 대체해요.

 놀이 내용을 확인해요

총 10개의 공이 있어. 토리 땅에 있는 공을 6개라고 하자. 그럼 마루 땅에는 공이 몇 개 있을까?

수와 연산

04
계란판으로 놀기 1

아이가 경험하는 세상은 곳곳에 규칙성과 숫자가 숨어 있어요. 주변에서 쉽게 구할 수 있는 종이 계란판으로 띄어 세기, 아랫줄과의 관계 파악하기 등을 해보며 아이가 수의 규칙성을 찾고 숫자를 경험하게 해요.

- **선행 개념** 10까지 수 세기
- **목표 개념** 10까지 수에서 규칙성 찾기
- **준 비 물** 10칸 계란판, 유성펜, 바둑돌

 선행 개념을 확인해요

- 숫자를 10까지 세어볼까?
- 이번에는 숫자를 10에서 거꾸로 세어볼까?

 **이렇게 놀아요**

1 바둑돌에 1~10까지 숫자를 써요.

2 숫자를 쓴 바둑돌을 순서대로 계란판에 올려요.

3 윗줄에서 아랫줄로 갈 때 숫자가 얼마나 커지는지 확인해요.

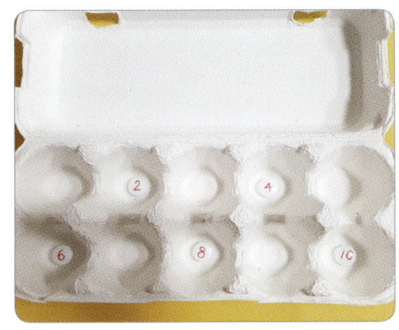

4 한 칸 건너 하나씩 바둑돌을 꺼내서 숫자의 띄어 세기를 경험해요.

 놀이를 더 재미있게 하는 팁

▶ 집에 바둑돌이 없다면 삶은 계란, 동그랗게 자른 색종이 등을 이용해도 좋아요.

Upgrade 놀이에 익숙해지면 30칸짜리 계란판을 사용하여 수의 규칙성을 찾아요.

놀이 내용을 확인해요

빈칸에 들어갈 숫자는 무엇일까?

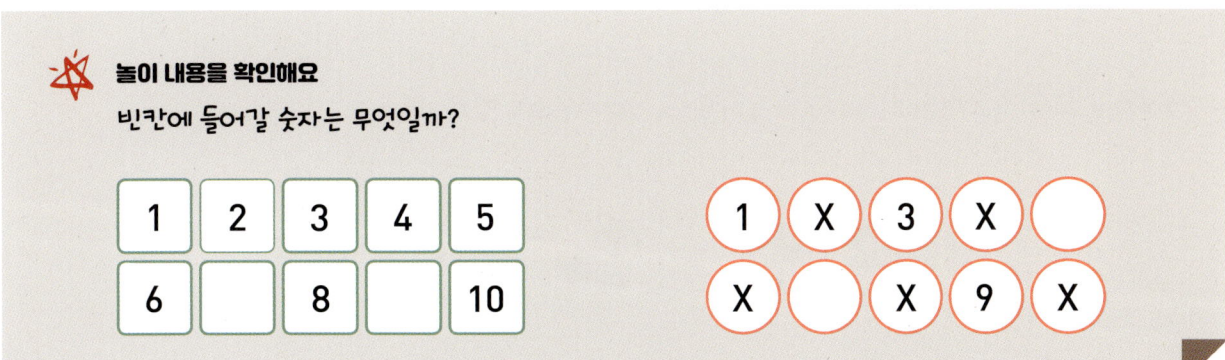

수와 연산

05
가림막 뒤에 몇 개가 있을까?

수에 대한 개념은 돌이 되기 전의 아이에게도 있어요. 이 시기의 아이에게 가림막 뒤로 인형이 들어가는 모습을 보여주고 가림막을 치우는 실험을 해보았어요. 인형이 있는 경우와 인형이 사라진 경우, 후자의 상황에서 아이의 응시 시간이 훨씬 높았어요. 당연히 있어야 할 것이 없어진 어색한 상황임을 이해하기 때문이에요. 이 원리를 활용한 놀이를 소개해요.

- **선행 개념**   10까지의 수 세기
- **목표 개념**   10까지의 수 가르기와 모으기
- **준 비 물**   불투명 파일, 인형 3개

 선행 개념을 확인해요

강아지가 2마리 놀고 있는데 1마리가 더 놀러 왔대. 강아지는 모두 몇 마리일까?

이렇게 놀아요

1 불투명 파일로 가림막을 벽에 비스듬히 세워요.

2 가림막 뒤로 인형 3개가 들어가는 모습을 아이에게 보여주어요.

3 가림막 뒤에서 인형 1개가 나오는 모습을 아이에게 보여주어요.

4 가림막 뒤에 남겨진 인형이 몇 개일지 아이에게 잠시 생각하게 하고, 가림막을 들어 정답을 확인해요.

▶ 인형은 가림막보다 작은 크기로 준비해요. 인형이 없을 때는 종이 그림으로 대체해요.
▶ 이 놀이는 머릿속으로 수를 조작하는 경험을 만들어주는 놀이예요. 처음에는 소리 내어 수를 세다가 점차 속으로 수를 세도록 해요.

Upgrade 인형의 수, 가림막에 들어갔다 나오는 횟수를 점차 늘려요.

 놀이 내용을 확인해요

곰 5마리가 빈 집에 들어갔어. 3마리가 시장에 갔고, 1마리가 더 놀러왔어. 그럼 집에는 곰이 모두 몇 마리 있을까?

수와 연산

06
10이 되는 짝꿍을 찾자

짝꿍이 되는 수를 찾으며 남은 칸에 맞는 다양한 블록들을 대보는 놀이를 소개해요. 성장하는 동안 아이는 시행착오를 거듭하며 수 개념을 만들어가지요. 이 놀이에 익숙해지면 점차 구체물을 보지 않고도 사고할 수 있게 될 거예요.

- **선행 개념**   10까지의 수 세기, 5까지의 수 가르기와 모으기
- **목표 개념**   10까지의 수 가르기와 모으기
- **준 비 물**   10칸 공책, 수막대(또는 큐브, 블록), 숫자 스티커

선행 개념을 확인해요

빈칸에 들어갈 숫자는 무엇일까?

이렇게 놀아요

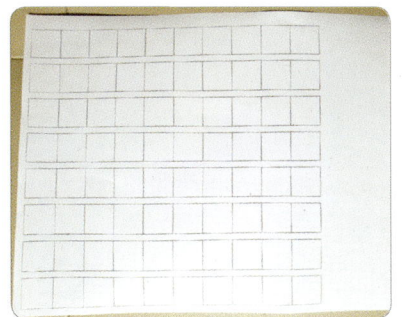  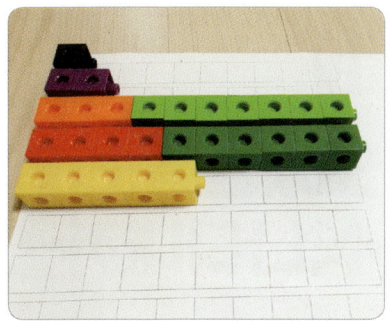

1 10칸 공책이나 10칸을 그린 종이를 준비해요.

2 1개짜리부터 5개짜리까지 수막대를 길이 순서대로 종이 위에 올려요.

3 각각의 수막대가 10개가 되도록 맞추어요.

4 수막대에 숫자 스티커를 붙인 다음에는 2~3번의 활동을 반복해요.

 놀이를 더 재미있게 하는 팁

▶ 짝꿍이 되는 수를 찾기 위해 수막대를 다양하게 놓아요. 이 활동에 익숙해지면 스티커를 붙여서 아이가 짝꿍이 되는 수를 조금 더 명확하게 인지할 수 있도록 해요.
▶ 수막대 5는 2개를 준비해요! 그래야 5+5를 표현할 수 있어요.

Upgrade 수막대 없이 숫자만으로 짝꿍이 되는 수를 찾아요.

놀이 내용을 확인해요
빈칸에 들어갈 숫자는 무엇일까?

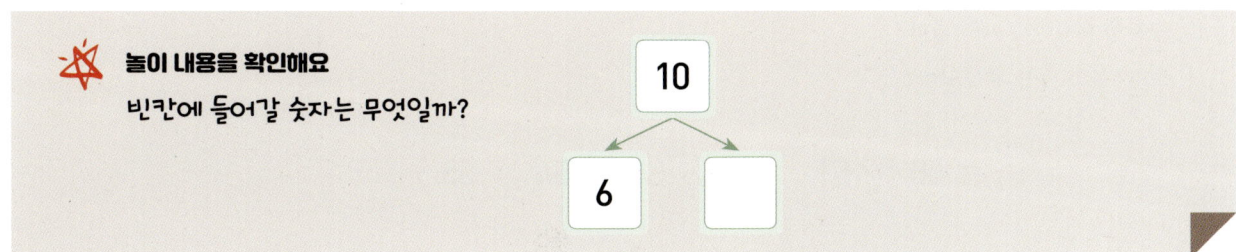

51

수와 연산

07
맛있는 시리얼로 수 나타내기

10진수의 기본 원리를 이해하게 하는 놀이예요. 아이는 12개의 물체를 '6개-6개', '7개-5개'로 나누어 셀 수도 있지만, '10개-2개'로 나누어 세는 방법이 가장 편리하다는 것을 배우게 돼요. 아이가 좋아하는 시리얼을 사용하면 수 세기에 대한 동기를 더 유발할 수 있어요.

- 선행 개념   10까지의 수 세기, 100까지의 수 세기
- 목표 개념   100까지의 수 개념 익히기
- 준 비 물   종이, 필기구, 링 시리얼, 나무 꼬치

 선행 개념을 확인해요

- 숫자를 10까지 세어볼까?
- 숫자를 100까지 세어볼까?
- 55 다음의 수는 무엇일까?

52

이렇게 놀아요

1 나무 꼬치에 시리얼을 10개씩 끼워요.

2 1에서 만든 묶음을 이용하여 10~19, 20~29, 30~39, 40~49의 수를 만드는 방법을 생각해요.

3 어른이 2에서 연습한 수 중에서 하나를 종이에 적어 제시하면, 아이는 묶음 시리얼과 낱개 시리얼을 이용하여 해당하는 수를 만들어요.

4 이번에는 역할을 바꾸어 아이가 숫자를 제시해요.

▶ 나무 꼬치에서 링이 빠져나갈 때는 마시멜로나 젤리 등으로 양 끝을 막아요.
▶ 시리얼이 없다면 다른 간식을 나무 꼬치에 꽂아 사용하거나, 같은 모양의 블록을 쌓아서 대체해요.

Upgrade 아이가 50까지의 수에 익숙해졌다면 100까지의 수도 만들어요.

놀이 내용을 확인해요

- 23을 만들려면 10막대 몇 개와 낱개 몇 개가 필요할까?
- 10막대 3개와 낱개 5개가 모여서 만들어진 수는 얼마일까?

수와 연산

08
계란판으로 놀기 2

우리가 사용하는 수는 10진수를 기본으로 하고 있어요. 0~9까지 수를 1의 자리에 표현하고, 10 이상의 수가 되면 자릿수가 달라지지요. 사람 손가락도 10개, 양말도 10켤레가 한 묶음이에요. 집에 있는 10구 계란판 상자를 활용하여 가감산 놀이를 해요.

- 선행 개념   10까지의 수 덧셈과 뺄셈, 20까지의 수 세기
- 목표 개념   20까지의 수 덧셈과 뺄셈
- 준 비 물   종이, 필기구, 10구 계란판, 바둑돌(또는 공깃돌, 블록)

 **선행 개념을 확인해요**

토리에게는 사탕이 6개, 마루에게는 사탕이 3개 있어. 사탕은 모두 몇 개일까?

✈️ **이렇게 놀아요**

1 계란판 각각의 칸마다 1~10 숫자를 써요.

2 계란판 안에 바둑돌을 2개 넣고, 뚜껑을 닫은 다음에 신나게 흔들어요.

3 뚜껑을 열어 바둑돌이 놓여 있는 자리의 숫자를 확인하고 모두 더해요.

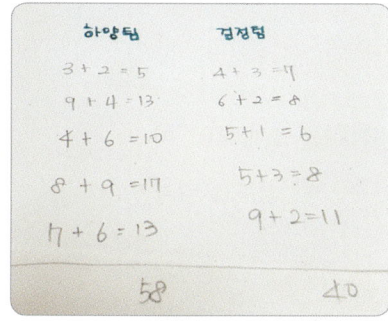

4 이를 기록하여 합산한 숫자를 점수로 보고, 가장 높거나 낮은 사람이 승리하는 놀이를 진행해요.

 **놀이를 더 재미있게 하는 팁**

▶ 게임을 하다 보면 낮은 점수 또는 높은 점수가 나오도록 아이가 억지를 쓰기도 해요. 이럴 때 '승리'보다는 '규칙을 지켜 게임하는 것'이 더 중요하다고 이야기해주어요.

Upgrade 바둑돌을 3개 이상 넣고 게임을 진행해요.

 놀이 내용을 확인해요

계란판 덧셈 놀이에서 토리는 3, 5가 나오고, 마루는 6, 8이 나왔어. 각각 몇 점일까?

수와 연산

09
선수처럼 과녁을 맞혀라

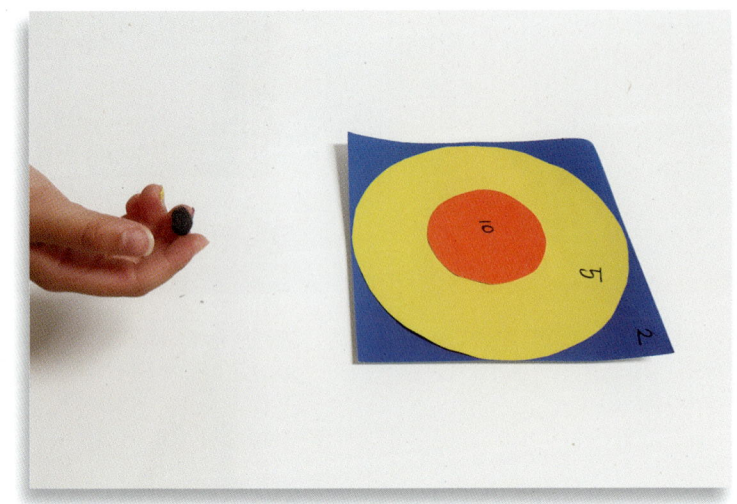

텔레비전에서 양궁 경기를 본 적이 있다면 흥미를 갖고 참여할 수 있는 놀이를 소개해요. 이렇게 숫자가 우리 생활 곳곳에서 쓰이는 것을 직접 경험하다 보면 아이는 수학 공부를 더욱 즐겁게 할 수 있어요.

- **선행 개념**   10까지의 수 덧셈과 뺄셈, 20까지의 수 세기
- **목표 개념**   20까지의 수 덧셈과 뺄셈
- **준 비 물**   색지(또는 색종이), 필기구, 바둑돌

 **선행 개념을 확인해요**

토리에게는 사탕이 5개, 마루에게는 사탕이 8개 있어. 사탕은 모두 몇 개일까?

이렇게 놀아요

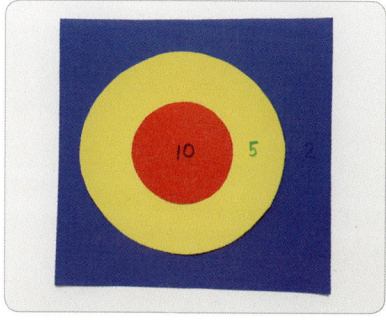
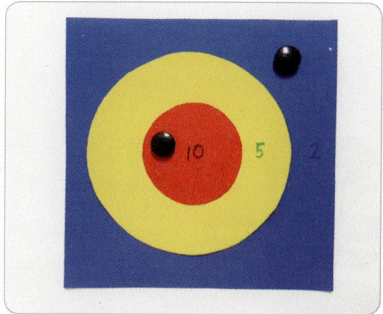

1 색지를 이용해 과녁판을 만들어요. 영역별로 색을 다르게 하면 시각적 효과가 극대화돼요.

2 아이와 어른이 의논해서 과녁판 각 칸의 점수를 정해요.

3 과녁판을 바닥에 놓고 바둑돌을 던져 과녁을 맞혀요.

4 맞힌 과녁의 점수를 모두 더하여 최종 점수를 구해요. 점수가 더 높은 사람이 놀이의 승자!

놀이를 더 재미있게 하는 팁 tip

▶ 과녁 모양은 원형이 아니어도 돼요. 돗자리를 깔아 네모로 칸을 나누거나, 계란판의 칸에 점수를 매겨서 과녁으로 활용해도 좋아요.

▶ 바구니 3개를 마련하여 바구니마다 점수를 매긴 뒤, 공을 던져 넣는 활동을 해요.

Upgrade '감점' 칸을 만들면 뺄셈도 함께 경험할 수 있어요.

놀이 내용을 확인해요

토리의 바둑돌은 6, 12에, 마루의 바둑돌은 7, 9에 올라갔어. 둘 중에 누가 이긴 걸까?

수와 연산

10
숫자 고기를 낚아요

오감 놀이 시절부터 아이들이 좋아하던 '낚시 놀이'! 이를 활용하여 '수'를 낚고, 낚은 '수'로 놀이를 해요. 이때 한 가지만 주의하세요. 물고기 뒷면의 숫자를 아이의 발달 수준에 맞게 적어야 한다는 점을요. 1~5도 좋고, 1~20도 좋아요.

- **선행 개념**   10까지의 수 덧셈과 뺄셈, 20까지의 수 세기
- **목표 개념**   20까지의 수 덧셈과 뺄셈
- **준 비 물**   낚시 교구(또는 색도화지, 색연필, 클립, 긴 막대, 실, 자석)

 **선행 개념을 확인해요**

- 숫자를 20까지 세어볼까?
- 토리에게는 사탕이 6개, 마루에게는 사탕이 7개 있어. 사탕이 모두 몇 개일까?

이렇게 놀아요

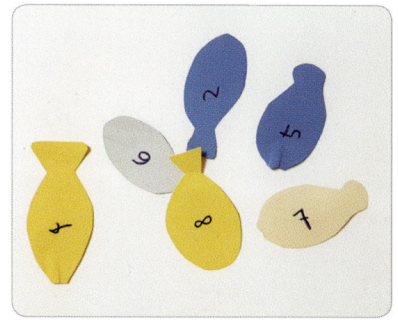

1 색도화지를 오려서 물고기를 만들어요. 뒷면에는 숫자를 적어요.

2 물고기에 클립을 끼워요.

3 긴 막대에 실을 연결하고, 실 끝에는 자석을 달아서 낚싯대를 만들어요.

4 낚싯대로 물고기를 낚아요.

5 물고기를 2마리 낚아서 뒷면에 적힌 숫자로 덧셈 또는 뺄셈을 해요.

놀이를 더 재미있게 하는 팁 **tip**

▶ 아이와 어른, 각각 물고기를 2마리씩 낚아서 덧셈식 또는 뺄셈식을 만들어요. 답이 더 큰 사람, 또는 더 작은 사람이 승리하는 규칙을 정해도 좋아요.
▶ 물고기는 숫자가 보이지 않게 뒤집어요. '우연의 효과로 식 만들기'를 경험할 수 있어요.

Upgrade 물고기를 3마리 낚아서 '(두 자릿수)+(한 자릿수)' 또는 '(두 자릿수)-(한 자릿수)' 식을 만들어요.

놀이 내용을 확인해요

토리의 물고기는 3, 5가, 마루의 물고기는 6, 4가 나왔어.
두 물고기에 적힌 수를 더하면 누구 숫자가 더 클까?

59

수와 연산

11
접시 위에서 구슬이 떼굴떼굴

우연의 효과로 하는 놀이는 아이에게 기대감을 주지요. 간단한 재료로 아이가 즐겁게 연산을 할 수 있는 놀잇감을 만들어요. 이때 아이의 수준을 제대로 파악하는 것이 중요해요. 아직 많은 숫자를 익히지 못했다면 한 자릿수만 가지고 놀고, 숫자를 잘 안다면 두 자릿수를 섞어서 놀아요.

- 선행 개념   10까지의 수 덧셈과 뺄셈
- 목표 개념   20까지의 수 덧셈과 뺄셈
- 준 비 물   색종이, 필기구, 일회용 접시, 구슬, 풀(또는 테이프)

 선행 개념을 확인해요

- 숫자를 20까지 세어볼까?
- 토리에게는 젤리가 8개, 마루에게는 젤리가 5개 있어. 젤리는 모두 몇 개일까?

이렇게 놀아요

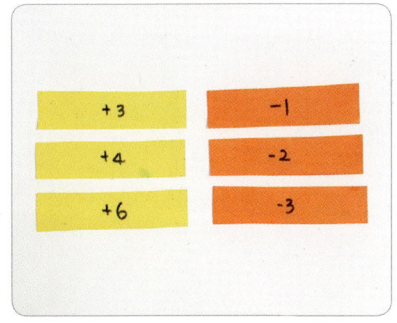

1 색종이로 종이띠를 5~7개 정도 만들어서 접시에 붙여요.

2 숫자 카드를 만들고, 그중 처음 시작하는 수를 뽑아요.

3 접시에 구슬을 올리고 나서 접시를 기울여 구슬이 굴러가게 해요. 처음 수에서 구슬이 들어간 고리의 수를 더하거나 빼면서 놀이해요.

4 '10과 가까운 수 만들기', '가장 큰 수 만들기' 등 미션을 정해서 놀면 더욱 흥미진진해요.

 놀이를 더 재미있게 하는 팁

▶ 접시에 붙이는 고리의 크기는 구슬보다 크게 만들어요.
▶ 고리에 쓰는 숫자는 아이의 연산 수준을 고려하여 붙여요. 덧셈만 하거나, 뺄셈까지 섞어도 좋아요. 단, 뺄셈을 섞을 때에는 '0'보다 작아질 경우를 대비한 규칙이 필요해요.

Upgrade 고리의 수를 늘려요. 혹은 두 자릿수를 섞어요.

놀이 내용을 확인해요

토리는 처음에 10에서 시작했어. +5, -2, +3이 나왔다면 최종 숫자는 얼마일까?

수와 연산

12
우리 집 시장에서는 얼마예요?

이번에는 마트에서 파는 상품을 살펴보고, 비슷한 것끼리 묶어 광고지나 메뉴판을 만드는 놀이예요. 사물을 인지하고 분류하는 활동이지요. 그리고 가격을 정해 시장 놀이를 하면 아이가 수 개념과 경제 개념을 익히는 데도 큰 도움이 돼요.

- 선행 개념   20까지의 수 세기, 10까지의 수 가르기와 모으기
- 목표 개념   20까지의 수 가르기와 모으기
- 준 비 물   종이, 필기구, 마트 광고지, 가위, 풀, 가베(또는 클립, 바둑돌)

 선행 개념을 확인해요

- 숫자를 20까지 세어볼까?
- 토리에게는 젤리가 1개 있고, 마루에게는 젤리가 2개 있어. 젤리는 모두 몇 개일까?

이렇게 놀아요

1 동네 마트 광고지에서 음식 사진을 잘라요.

2 음식 사진을 종류별로 분류해요. 과일, 채소, 과자, 음료…. 그런 다음, 도화지에 사진을 풀로 붙여요.

3 품목마다 가격을 정해요. 정해서 이름과 가격을 적어요. 우리 집 시장 광고지 완성!

4 시장 놀이를 해요. 아이는 가게 주인, 어른은 손님 역할을 해요. 이때 돈은 가베를 이용해요.

놀이를 더 재미있게 하는 팁

▶ 정해진 물건의 가격보다 일부러 돈을 더 많이 혹은 적게 지불하여 아이가 스스로 셈하게 해요.
▶ 2가지, 3가지 물건을 선택한 뒤 모두 합쳐서 얼마인지 알아보면 덧셈의 기초를 다질 수 있어요.
▶ 아이에게 이미 수에 대한 인지가 있을 때는 광고지에서 가격 부분을 잘라내요. 아이의 창의력을 저해할 수 있거든요.

놀이 내용을 확인해요

우리 집 시장은 사과 1개가 5원이야. 사과 2개를 사려면 얼마가 필요할까?

수와 연산

13
토끼가 많아지면 당근은 몇 개 필요할까?

아이가 일대일 대응에 대한 이해를 어느 정도 하게 됐나요? 그렇다면 이어서 진행할 수 있는 놀이가 바로 띄어 세기예요. 여기에서는 토끼와 당근을 예로 들었지만, 집에서는 실제로 아이가 좋아하는 인형과 사물로 놀면 돼요. 사자 신발의 개수, 공룡 먹이의 개수 등등요.

- **선행 개념** 100까지 수의 세기와 띄어 세기
- **목표 개념** 띄어 세기, 배수
- **준 비 물** 동물 인형 5개 이상, 구체물(클립, 바둑돌 등) 20개 이상

 선행 개념을 확인해요

- 토리와 마루가 밥을 먹으려고 해. 젓가락을 2개씩 나누어주려면 젓가락이 모두 몇 개 필요할까?
- 오른손 손가락은 모두 5개지? 토리와 마루의 오른손 손가락 개수를 모두 더하면 몇 개일까?

이렇게 놀아요

1. 토끼 인형 1마리 앞에 당근 3개를 놓아요. 당근은 왼쪽 사진처럼 직접 만들거나 다른 구체물로 대신해요.

2. 어른이 "토끼 인형이 1마리 더 있다면 당근은 모두 몇 개가 필요할까?" 질문하고 아이에게 생각할 시간을 주어요.

3. 이번에는 어른이 "토끼 인형이 3마리 있다면 당근은 모두 몇 개가 필요할까?" 질문해요.

4. 이제 토끼 인형을 놓지 않고, 아이가 4마리, 5마리, 6마리일 때 필요한 당근의 수를 떠올리는지 확인해요.

 놀이를 더 재미있게 하는 팁

- 띄어 세기는 2 또는 5씩 띄어 세는 것이 가장 쉬워요. 그러니 가장 먼저 사람 수에 따라 젓가락 개수(2씩 띄어 세기), 오른손 손가락 개수(5씩 띄어 세기)가 몇 개인지 접하게 해요.
- 처음에는 구체물을 활용하여 수를 세다가 익숙해지면 구체물 없이도 수를 띄어 세기 마련이에요.

Upgrade 2와 5, 3, 4씩 띄어 세는 것에 익숙해지면 6 이상의 수로 띄어 세기 활동을 해요.

 놀이 내용을 확인해요

토끼 1마리당 3개의 당근을 줄 거야. 토끼가 6마리 있다면 당근은 모두 몇 개 필요할까?

> 공간과 도형

14
채소 스탬프 꾹꾹

냉장고 속 오래된 채소, 그리고 어른이 요리할 때 옆에서 노는 아이가 있다고요? 이럴 때 채소를 싹둑 잘라 아이 손에 쥐어주세요. 아이가 다양한 모양을 인지하고, 이를 활용해 미술 작품까지 만들며 놀 수 있어요.

- **선행 개념**   삼각형과 사각형 구분하기
- **목표 개념**   다각형 구분하기
- **준 비 물**   종이, 물감, 채소

선행 개념을 확인해요

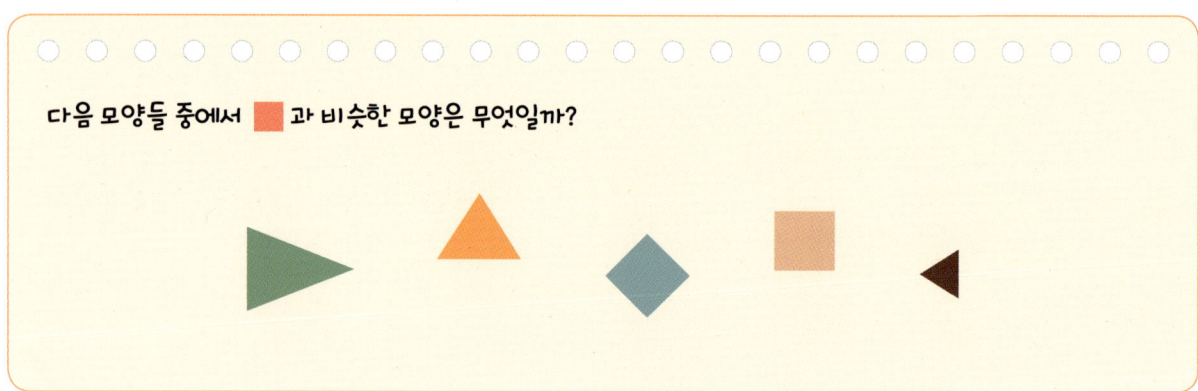

다음 모양들 중에서 ▰ 과 비슷한 모양은 무엇일까?

✈️ **이렇게 놀아요**

1 채소를 여러 다각형 모양으로 잘라서 스탬프를 만들어요.

2 스탬프에 물감을 묻혀 종이에 찍어요.

3 같은 모양을 여러 차례 찍어 패턴을 만들어요.

4 다양한 모양을 활용해서 미술 작품을 만들어요.

놀이를 더 재미있게 하는 팁 tip

▶ 처음에는 아이가 자유롭게 탐색하고 마음대로 스탬프를 찍게 해요.
▶ 충분한 탐색이 끝난 다음, 어른이 "이것과 비슷한 모양은 무엇이 있지?" 질문해서 아이가 도형의 공통점을 찾아보게 해요.

Upgrade 아이의 선행 지식 수준에 맞추어 적절하게 변의 개수, 도형의 이름 등을 이야기해요.

⭐ **놀이 내용을 확인해요**

다음 모양들 중에서 ⬡ 과 비슷한 모양은 무엇일까?

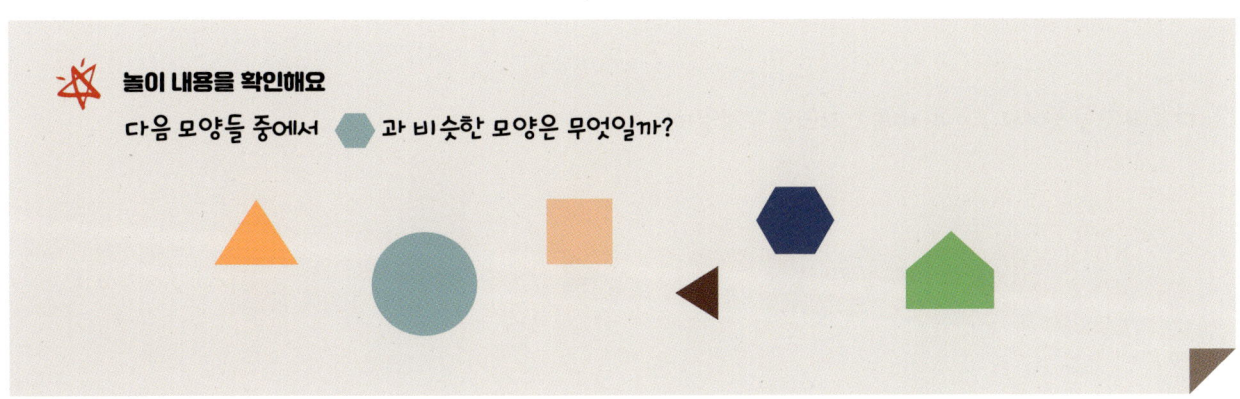

공간과 도형

15
세모, 네모 빨대로 비눗방울 놀이를!

아이가 이제 어느 정도 도형을 인지하게 됐을 때 할 수 있는 놀이를 알려드려요. 이 놀이로 아이는 도형의 기본인 세모(삼각형), 네모(사각형)를 완전히 익힐 수 있어요. 특히 비눗방울로 하는 활동이니, 화장실, 발코니, 놀이터 등 곳곳에서 신나게 놀아요.

- **선행 개념**   삼각형, 사각형 구분하기
- **목표 개념**   삼각형, 사각형의 변의 개수 알기
- **준 비 물**   자바라 빨대 20개, 테이프, 비눗방울 용액, 쟁반, 물티슈

선행 개념을 확인해요

다음 모양들 중에서 ▼ 과 비슷한 모양은 무엇일까?

🛩️ 이렇게 놀아요

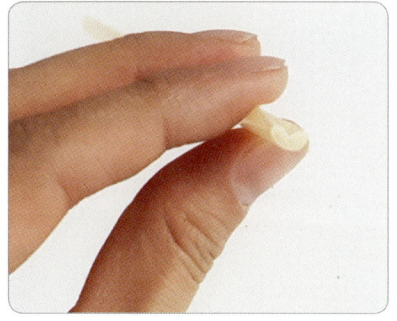

1 자바라 빨대의 짧은 부분을 납작하게 만든 다음에 반을 접어요. (옆에서 보면 구멍이 하트 모양이에요.)

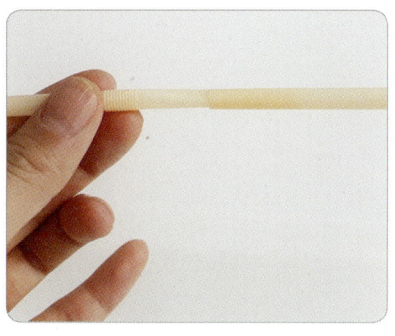

2 접은 부분을 다른 빨대의 긴 부분 안으로 넣어 두 빨대를 연결해요.

3 빨대를 여러 개 연결해 모양을 만들어요. (세모: 3개, 네모: 4개)

4 각각 '변의 개수+2개'를 연결해 손잡이를 만들어요. 손잡이와 도형이 만나는 부분은 테이프를 돌돌 말아 붙여 모양을 고정해요.

5 비눗방울 용액을 쟁반에 부어요.

6 4에서 만든 비눗방울 틀을 5의 용액에 적셔 비눗방울 놀이를 해요.

놀이를 더 재미있게 하는 팁

▶ 아이가 각 도형의 변의 수만큼의 빨대를 이용하여 비눗방울 틀을 만들면, 어른이 빨대 2개를 더 연결해 손잡이를 만들어요. 아이가 손잡이까지 다 만들게 두면, '세모를 만드는 데 필요한 빨대의 개수'와 같은 의사소통에서 오류가 생길 수 있거든요.

▶ 세모, 네모 틀로 만든 비눗방울은 어떤 차이가 있는지 함께 이야기해요.

⭐ 놀이 내용을 확인해요

세모를 만들려면 빨대가 몇 개 필요할까?

공간과 도형

16
입체 도형 굴려 그림 그리기

아이의 주변 환경에는 3차원 입체물이 아주 많아요. 따라서 입체 도형에 대해 직관적으로, 자연스럽게 이해하게 되는 경우가 대부분이에요. 공은 잘 굴러가지만, 주사위는 굴러가지 않는다는 경험을 하는 식으로요. 이번에는 이런 경험을 같이 해보는 놀이예요.

- 선행 개념　입체 도형 변별
- 목표 개념　입체 도형의 속성 이해하기
- 준 비 물　도화지 2장, 물감, 다양한 모양의 블록(구슬 꿰기 교구 등), 종이컵, 물, 상자, 가위

선행 개념을 확인해요

다음 모양들 중에서 　과 비슷한 모양은 무엇일까?

이렇게 놀아요

1 도화지 1장을 반으로 접어 사진처럼 가위로 오려요.

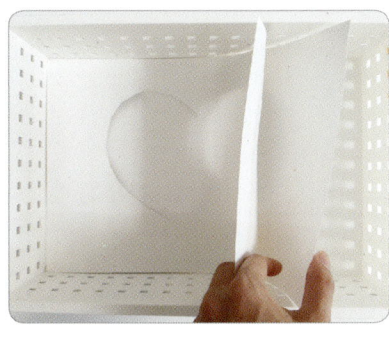

2 상자 안에 또 다른 도화지를 깔고, 그 위에 1번에서 자른 도화지를 올려요.

3 물감에 물을 조금 섞은 다음, 블록들에 골고루 묻혀요.

4 블록들을 2번의 도화지 위에 올려두고, 상자를 기울여 여러 방향으로 굴러가게 해요.

5 자른 도화지를 상자에서 빼면 멋진 작품이 완성!

6 어떤 블록이 잘 굴러갔는지, 어떤 블록이 한 방향으로만 굴러갔는지 이야기를 나누어요.

▶ 아직 입체와 평면의 차이를 잘 모르는 아이는 '구'를 '동그라미'라고 하고, '정육면체'를 '네모'라고 하지요. 그 차이점을 알려주는 것은 나중으로 미루고, 일단 '한 방향으로 굴러가는 것, 여러 방향으로 굴러가는 것, 굴러가지 않는 것' 등 성질을 중심으로 이야기해요.

놀이 내용을 확인해요

다음 모양들 중에서 '한 방향으로만 굴러가는 도형'은 무엇일까?

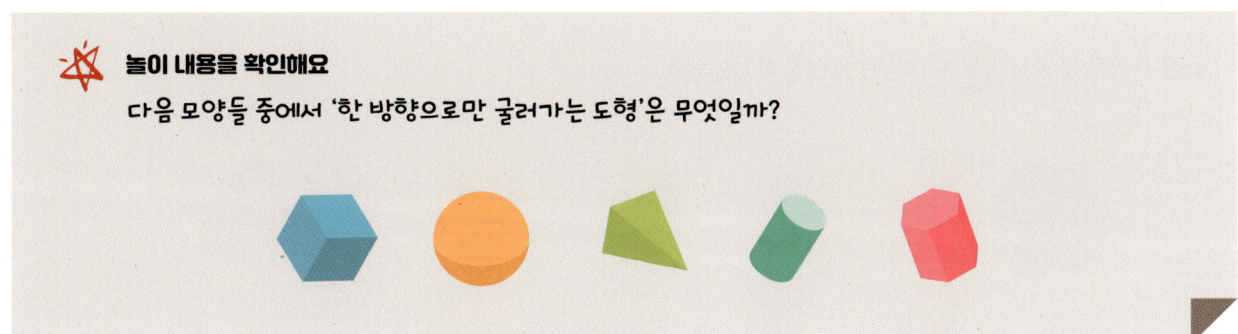

공간과 도형

17
우리 집에서 찾아보는 입체 도형

세모, 네모, 동그라미…. 평면 도형을 구분하기 시작한 아이는 서서히 주변에 있는 입체 도형에도 관심을 가져요. 이제부터 주변에 있는 다양한 물체를 관찰하고 분류하면서 놀이까지 할 수 있는 방법을 알려드려요.

- **선행 개념**   입체 도형 변별
- **목표 개념**   입체 도형의 변별과 속성 이해하기
- **준 비 물**   입체 도형 모형, 집에 있는 다양한 물건

선행 개념을 확인해요

다음 모양들 중에서 🔻 과 비슷한 모양은 무엇일까?

이렇게 놀아요

1. 아이가 자유롭게 다양한 입체 도형 모형을 관찰하게 해요.

2. 어른이 입체 도형의 이름과 성질을 이야기해주고, 아이에게 다시 모형을 관찰하게 해요.

3. 관찰한 입체 도형과 같은 형태의 물체를 우리 집에서 찾아요.

4. 집에서 각각의 입체 도형에 해당하는 물체를 잘 찾았는지 확인해요.

놀이를 더 재미있게 하는 팁

▶ 아이와 입체 도형의 성질에 대해 이야기해요. 이때 35쪽을 참고하세요.

놀이 내용을 확인해요

다음 모양들 중에서 화장실의 '두루마리 휴지'와 비슷한 모양은 무엇일까?

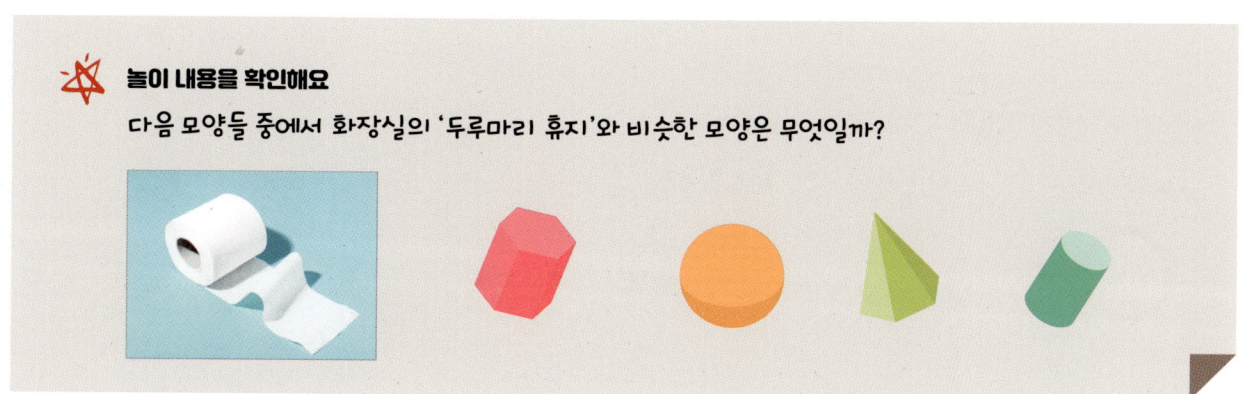

공간과 도형

18
블록으로
대칭 그림
만들기

기하학적 변형에 대한 이해력은 '도형의 이동, 도형 뒤집기, 도형의 회전' 순서로 발달해요. 그중 '뒤집기'나 '회전'은 조금 어려운 개념이지만, 돌 무렵부터 이와 관련하여 직관적인 인식이 나타나요. 이번 놀이는 직관적인 인식을 좀 더 확실하게 하는 놀이예요.

- 선행 개념   같은 도형 찾기
- 목표 개념   대칭이 되도록 도형 배열하기
- 준 비 물   플라스틱 끼우기 블록

 선행 개념을 확인해요

사진처럼 만들려면 블록이 각각 몇 개 필요할까?

파랑 블록   노랑 블록   진분홍 블록
 ○ 개   ○ 개   ○ 개

74

이렇게 놀아요

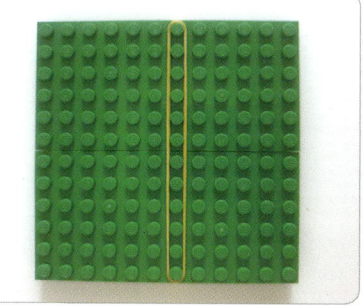

1. 블록판 가운데에 고무줄을 이용하여 대칭축을 표시해요.

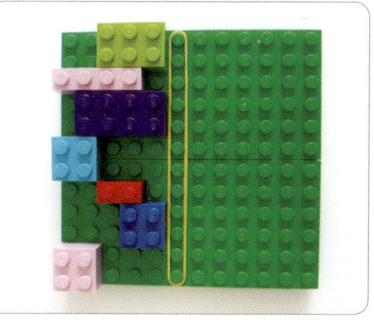

2. 블록판 한쪽에 블록을 마음대로 배열해요.

3. 고무줄이 거울이라고 생각하고, 반대쪽과 대칭이 되도록 블록을 배열해요.

4. 완성했으면 만들어진 모양을 최종적으로 확인해요.

놀이를 더 재미있게 하는 팁

▶ 처음에는 크기가 큰 블록을 사용해요.
▶ 하트, 네모 등 특정 도형의 반쪽도 만들어보아요.

Upgrade 놀이가 익숙해지면 블록의 개수를 늘려요. 또한 블록을 단층이 아닌 2층, 3층 이상으로 쌓아요. 블록이 아닌 '색종이로 자른 도형' 등을 활용하여 모양을 조금 더 다양하게 구성해요.

놀이 내용을 확인해요

다음 그림이 거울에 비쳐서 대칭되면 어떤 모양이 될까?

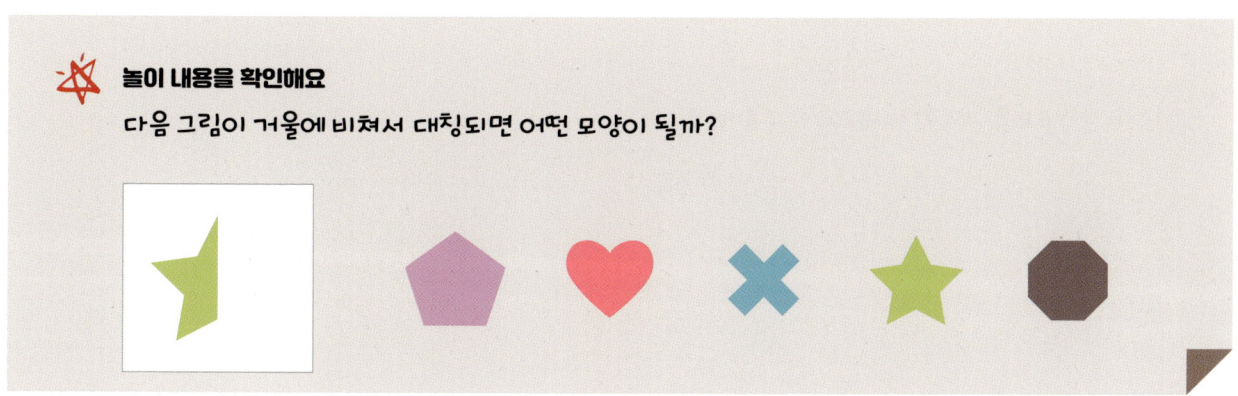

공간과 도형

19
내가 쌓은 대로 똑같이 만들어 봐

쌓기나무 블록을 쌓고 다양한 방향에서 관찰해요. 아이가 자기중심성에서 벗어나 하나의 대상을 여러 방면으로 관찰하고 생각하도록 하는 활동이에요. 만일 집에 쌓기나무 블록이 없다면 플라스틱 블록을 활용하고, 아이 수준에 맞추어 16개가 아닌 8개로 놀아도 괜찮아요.

- **선행 개념** 다양한 방법으로 쌓기나무 블록 쌓기
- **목표 개념** 똑같은 모양으로 쌓기나무 블록 쌓기
- **준 비 물** 쌓기나무 블록 16개, 카메라(휴대전화, 태블릿 PC 등)

 선행 개념을 확인해요

쌓기나무 블록 8개를 다양한 방법으로 자유롭게 쌓아보자.

🛩️ **이렇게 놀아요**

1 어른이 쌓기나무 블록 8개를 마음대로 쌓아요.

2 전체 모양이 잘 보이도록 사진을 찍어요. 그런 다음 만든 것을 보이지 않게 잘 두어요.

3 아이에게 사진을 보여주고 쌓기나무 블록으로 이와 똑같은 모양을 만들게 해요.

4 아이가 다 만들면 어른이 만든 것과 비교해요.

놀이를 더 재미있게 하는 팁

▶ 역할을 바꾸어 아이가 쌓기나무 블록으로 모양을 만들고 사진을 찍어 어른에게 퀴즈를 내요.
▶ 쌓기나무가 없다면 구멍이 4개인 플라스틱 블록을 활용해요.

Upgrade 점차 쌓기나무 블록의 개수를 늘려서 놀이해요.

☆ **놀이 내용을 확인해요**

사진과 같은 모양을 쌓으려면 블록이 몇 개 필요할까?

공간과 도형

20
쌓기나무 블록으로 사목 두기

사(4)목은 바둑돌로 하던 오(5)목과 같은 원리의 놀이예요. 위로 쌓을 수 있는 쌓기나무 블록으로 놀다 보면, 평소에 하던 오목과는 다른 규칙을 찾을 수 있어요. 아이에게 보다 흥미롭고 도전적인 놀이가 될 거예요!

- **선행 개념**   쌓기나무 블록 쌓기, 5까지의 수 세기
- **목표 개념**   전략적으로 쌓기나무 블록 쌓기
- **준 비 물**   종이, 필기구, 쌓기나무 블록, 색이 다른 스티커 2종

 선행 개념을 확인해요

쌓기나무 블록을 사진과 같은 모양으로 쌓아보자.

이렇게 놀아요

1 쌓기나무 블록에 그림처럼 스티커를 붙여요.

2 종이에 쌓기나무 블록 5개 길이만큼 표시해요. 이때 가로는 5개만 쌓을 수 있어요.

3 스티커의 색에 따라 두 팀으로 나누고, 팀별로 번갈아가며 하나씩 블록을 쌓아요.

4 같은 색의 블록이 가로, 세로, 대각선으로 4개가 이어지면 승리!

▶ 아이가 놀이를 어려워하면 바둑돌로 오목이나 사목을 먼저 경험하게 해요.
▶ '막아야 할 때'가 언제인지 아이에게 알려주어요. 예를 들어, "같은 색이 3개가 되면 막아야 돼. 하지만 끝이 막혀 있으면 막을 필요가 없어"라고요.

Upgrade 가로축 넓이를 더 넓혀요. 처음에는 5칸에서 시작해서 7칸, 10칸으로 늘려요.

놀이 내용을 확인해요

쌓기나무 블록으로 사목을 두고 있어.
이번에 빨간 팀 차례라면 어디에 두는 것이 좋을까?

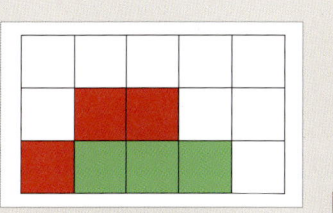

79

공간과 도형

21
이것은 어떤 도형일까?

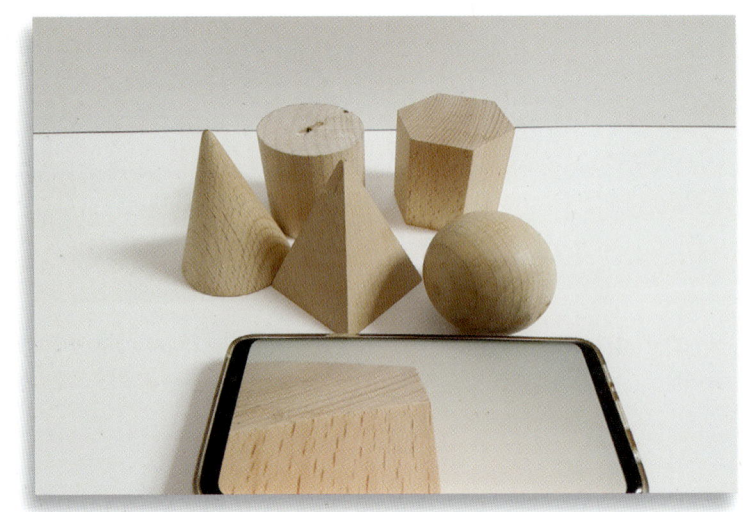

입체 도형의 특징과 생김새를 충분히 이해하게 되면, 그다음부터는 입체 도형의 부분만 보고 전체를 유추할 수 있어요. 이번 놀이를 통해 카메라로 부분을 관찰하고, 전체 도형의 형태를 유추하는 활동을 해요.

- 선행 개념　입체 도형 변별
- 목표 개념　입체 도형의 변별과 속성 이해하기
- 준 비 물　입체 도형 모형, 카메라(휴대전화, 태블릿 PC 등)

선행 개념을 확인해요

이렇게 놀아요

1 함께 다양한 입체 도형을 관찰해요.

2 한 사람이 입체 도형 일부를 사진으로 찍으면 다른 사람이 그 사진을 보고 어떤 도형의 일부인지 알아맞혀요.

3 실제 도형과 사진을 비교하며 정답을 확인해요.

4 퀴즈를 내는 사람과 맞히는 사람의 역할을 바꾸어 놀이를 해요.

놀이를 더 재미있게 하는 팁

▶ 이 놀이를 하기 전에 집에 있는 물건을 관찰하며 입체 도형을 충분히 익혀요.

Upgrade 사진으로 도형을 살펴볼 때 배율을 높여요. 더 작은 부분을 보고 전체를 유추하는 놀이를 할 수 있어요.

놀이 내용을 확인해요
다음은 어떤 도형의 일부일까?

공간과 도형

22
네모와 세모를 겹쳐, 겹쳐!

어른이 아이에게 제시하는 도형은 동그라미, 세모, 네모의 기본형인 경우가 많아요. 그러다 보면 자칫 도형에 대한 시각적 고정관념을 심어줄 수 있으니 주의가 필요해요! 아이가 생각대로 도형을 조작하며 기울어진 네모, 기울어진 세모 등을 만들어보는 놀이를 소개해요.

- **선행 개념**   삼각형, 사각형 구분하기
- **목표 개념**   다양한 모양의 삼각형, 사각형 만들기
- **준 비 물**   흰 종이, 셀로판지, 가위, 테이프

 선행 개념을 확인해요

다음 모양들 중에서 삼각형은 무엇일까?

🛩️ **이렇게 놀아요**

1 셀로판지를 다양한 크기의 세모, 네모 모양으로 잘라요.

2 자른 도형들 중 2개를 골라서 여러 방법으로 겹쳐요.

3 겹쳐진 곳의 모양이 '세모' 또는 '네모'가 되도록 만들어요.

4 만들어진 모양을 그대로 흰 종이에 붙여요.

놀이를 더 재미있게 하는 팁

▶ 너무 얇은 셀로판지는 자르고 조작하기가 힘들 수 있어요. 바닥에 흰 종이를 깔고 조작해요.
▶ 늘 보던 전형적인 삼각형, 사각형이 아닌 다양한 삼각형, 사각형을 경험하게 해요. 고집 센 아이는 "이건 세모가 아니야~"라고 하기도 해요. 이럴 때는 세모의 특징에 대해 차분하게 이야기를 나누어요.

Upgrade 3개 이상의 도형을 겹쳐요. 또한 셀로판지로 다양한 모양의 도형을 잘라 겹쳐요.

 놀이 내용을 확인해요

여러 도형을 겹쳐서 다음처럼 네모를 만들어보자.

83

공간과 도형

23
입체 도형 그림자놀이

아이들은 입체 도형과 평면 도형을 구분하는 데 어려움을 겪어요. 그래서 정육면체를 '네모'로, 삼각기둥을 '세모'로, 구를 '동그라미'라고 쉽게 착각해요. 따라서 기하학적인 개념이 발달하는 시기에는 입체 도형을 탐색하는 경험이 꼭 필요해요.

- **선행 개념** 입체 도형 구분하기
- **목표 개념** 입체 도형을 다양한 방향에서 바라본 모양 이해하기
- **준 비 물** 여러 입체 도형의 모형, 전등

선행 개념을 확인해요

다음 모양들 중에서 '여러 방향으로 굴러가는 도형'은 무엇일까?

이렇게 놀아요

1. 입체 도형들을 가운데에 두고 다양한 방향에서 관찰해요. 이때 어른이 각 입체 도형의 이름을 알려주어요.

2. 전등을 끄고 나서 입체 도형의 그림자가 벽에 생기도록 전등을 비추어요.

3. 다양한 방향에서 전등을 비추어 여러 모양이 나타나게 해요.

4. 그림자만 보고 준비한 입체 도형들 중에서 어떤 것인지 맞히는 놀이를 진행해요.

놀이를 더 재미있게 하는 팁

- 그림자놀이를 할 때는 흰 벽 바로 앞에서 하는 게 바람직해요.
- 인형, 장난감 등 아이가 좋아하는 물건의 그림자로 어떤 물건인지 맞추게 하면 흥미를 유발할 수 있어요.
- 이 시기의 아이는 사물이 방향에 따라 다르게 보일 수 있다는 점을 아직 잘 이해하지 못해요. 충분한 경험을 통해 다양한 모양이 생길 수 있다는 점을 이해하도록 도와요.

놀이 내용을 확인해요

어떤 입체 도형의 그림자가 왼쪽과 같이 생겼대. 다음 중 어떤 것일까?

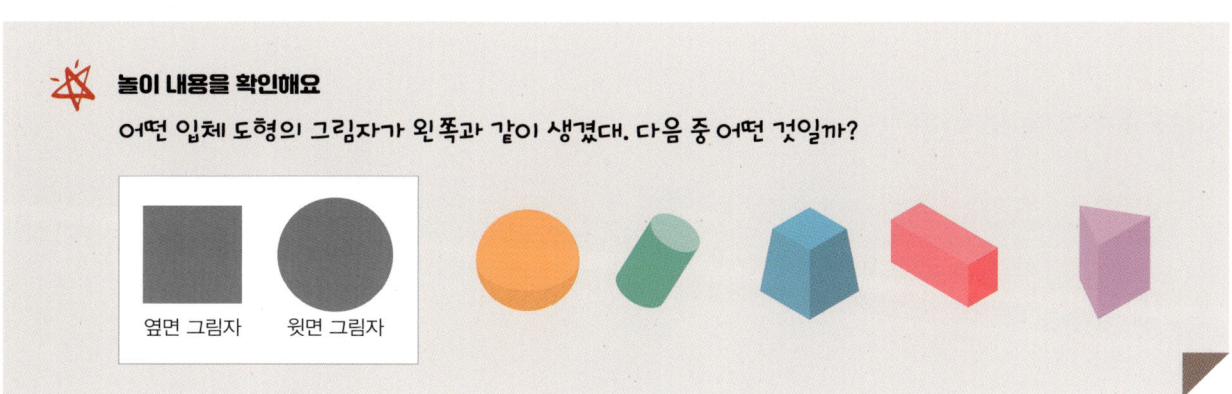

측정

24
이 신문지가 더 길어!

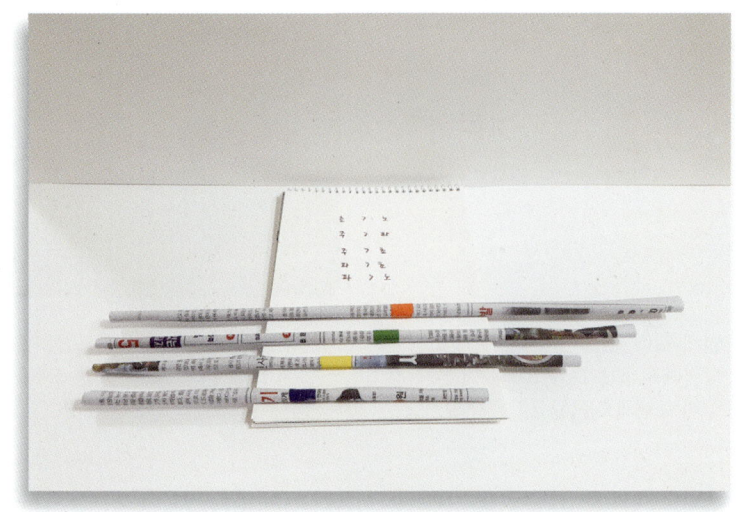

아이가 "나는 세경이보다는 크고 은우보다는 작아"라는 식으로 이야기하는 모습을 본 적이 있을 거예요. 아이는 보통 직접 2개 이상의 사물을 대어보면서 길이를 비교하지요. 이 무렵의 아이와 함께하면 좋은 '길이 재기 놀이'를 소개해요.

- **선행 개념**   두 사물의 직접 길이 비교
- **목표 개념**   2개 이상 사물의 직접 길이 비교
- **준 비 물**   신문지, 색종이, 풀

 선행 개념을 확인해요

다음 중 더 긴 막대는 무엇일까?

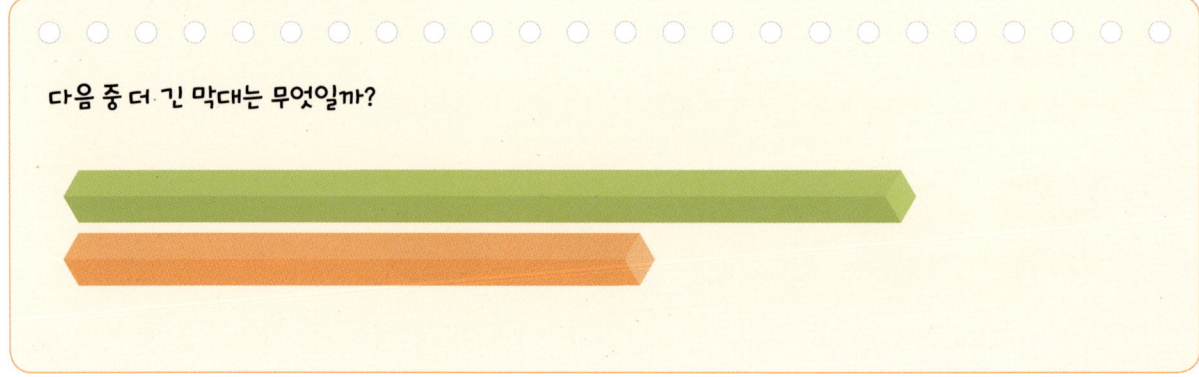

이렇게 놀아요

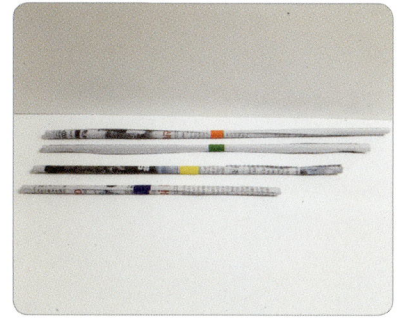

1 신문지를 말아서 다양한 길이의 막대를 4개 이상 만들어요. 막대 끝에 각각 다른 색의 색종이를 말아서 붙여요.

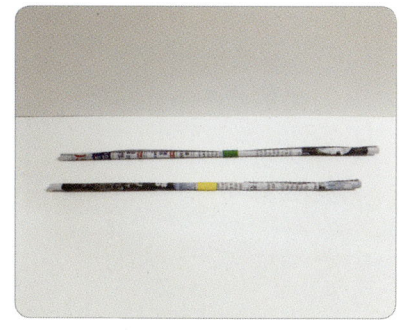

2 초록 막대와 노랑 막대의 길이를 비교해요.

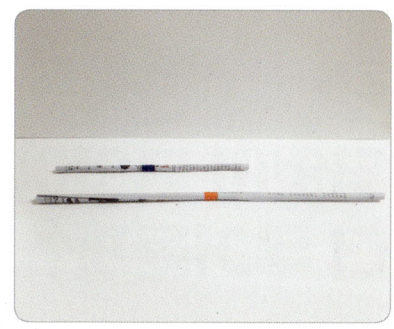

3 주황 막대와 파랑 막대의 길이를 비교해요.

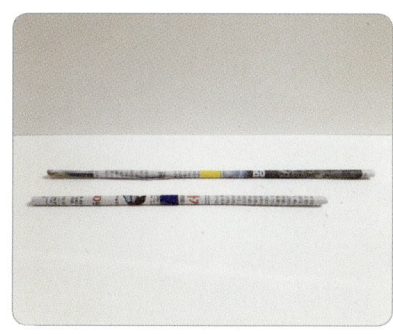

4 주황과 노랑, 초록과 파랑 등 다양한 조합으로 막대의 길이를 비교하고, 길이 순서대로 순위를 정해요.

놀이를 더 재미있게 하는 팁

▶ '빨강〉노랑, 파랑〉초록, 노랑〉파랑'이라는 조건을 만든 다음, 막대의 길이를 유추해요.
▶ 막대 선택권을 아이에게 주어 논리력을 키워요. 예를 들어, 처음에는 빨강과 노랑을 비교하고, 파랑과 초록을 비교했다면, 그다음에는 아이가 직접 비교할 색상을 선택하게 해요.

Upgrade 놀이할 때 막대의 개수를 늘려요.

 놀이 내용을 확인해요

빨강 막대는 노랑 막대보다 길고, 초록 막대는 파랑 막대보다 길어.
파랑 막대가 빨강 막대보다 길다면, 4개 중 가장 긴 막대는 무슨 색일까?

측정

25
무엇이 무엇이 더 무거울까?

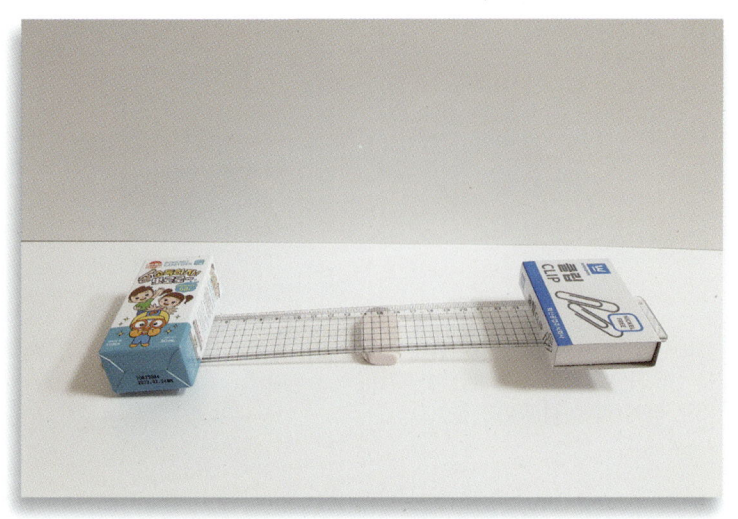

길이, 넓이, 양(부피)과 달리 '무게' 문제는 아이에게 어려워요. 그 이유 중 하나는 눈에 보이지 않기 때문이에요. 같은 크기의 물건이라도 무게가 다를 수 있으니까요. 이제부터 간단한 도구를 활용하여 무게를 재고, 상대적으로 무거운 것과 가벼운 것을 찾아보는 놀이를 해요.

- **선행 개념**   두 사물의 직접 무게 비교
- **목표 개념**   2개 이상 사물의 직접 무게 비교
- **준 비 물**   30센티미터 자, 지우개, 무게를 잴 물건 4개

선행 개념을 확인해요

다음 중 어느 쪽이 더 무거울까?

이렇게 놀아요

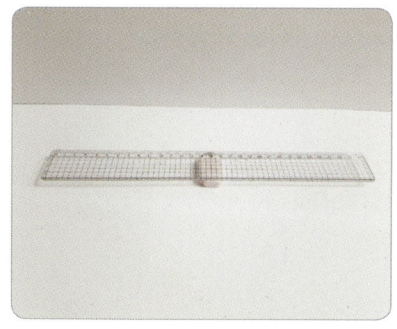

1 지우개 위에 자의 가운데 부분을 올린 뒤 균형을 맞춰요.

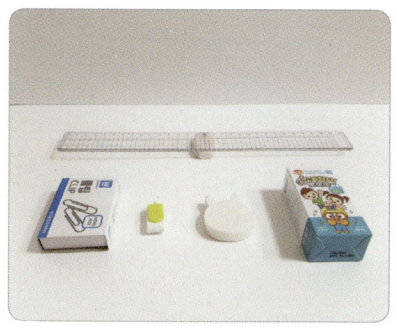

2 무게를 잴 물건을 4개 준비해요.

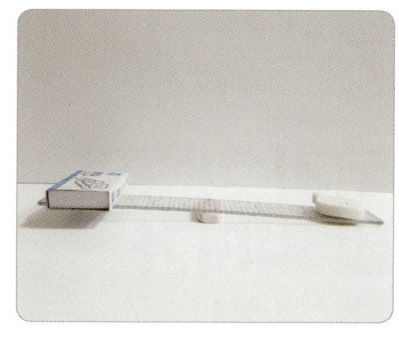

3 2개씩 짝지어 무게를 재고 나서, 가장 무거운 물건이 무엇인지 알아내려면 세 번째로 어떤 물건의 무게를 재야 할지 이야기해요.

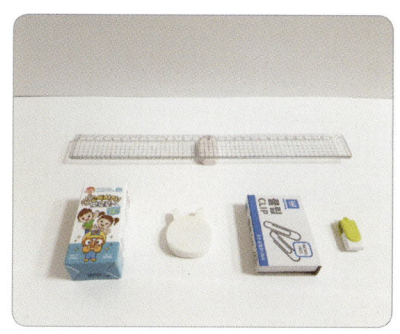

4 4가지 물건의 무게 서열을 정해요.

놀이를 더 재미있게 하는 팁

▶ 정확한 저울이 아닌 만큼 재는 물건들 간에 무게 차이가 적으면 균형을 유지하는 것처럼 보일 수 있어요. 무게 차이가 큰 물건들을 준비해요. 예를 들어, '테이프와 클립', '지우개와 스테이플러'처럼요.
▶ 자의 제일 끝점을 기준으로 양쪽 비슷한 위치에 물건을 올려요.

Upgrade 물건을 놓는 위치에 따라서 저울의 움직임이 달라져요. 끝과 받침점 가까이 놓을 때 각각 어떻게 달라지는지 이야기해요.

놀이 내용을 확인해요

빨강, 노랑, 파랑 공의 무게는 다음과 같대. 3가지 공 중에서 무엇이 가장 무거울까?

측정

26
우리 가족의 발 길이가 궁금해

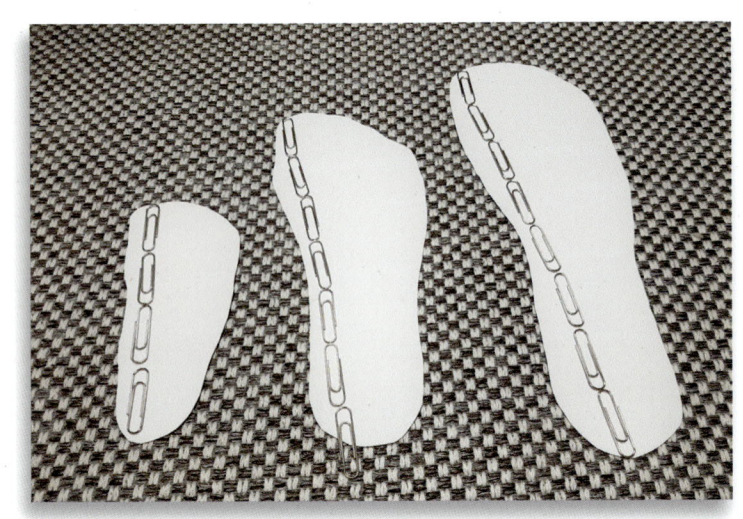

측정의 가장 기본은 대상을 직접 비교하는 거예요. 그런데 너무 무겁거나, 너무 큰 사물은 그렇게 비교할 수가 없어요. 이것이 단위가 필요한 이유지요. 이번 놀이를 하면 아이도 '얼마만큼' 더 긴지, 더 넓은지를 알기 위해서는 '단위'가 필요하다는 사실을 깨닫게 돼요.

- **선행 개념**   직접 길이 비교하기
- **목표 개념**   임의 단위로 길이 재기
- **준 비 물**   종이, 필기구, 클립

선행 개념을 확인해요

다음 중 가장 긴 막대는 무엇일까?

이렇게 놀아요

1. 가족의 발 길이가 '얼마만큼' 큰지 이야기해요. 이때 임의 단위가 필요하다는 사실을 아이에게 알려주어요.

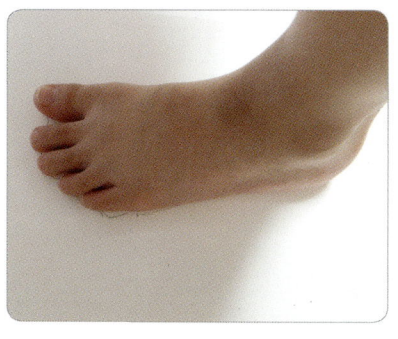

2. 가족의 발들을 종이에 본뜬 다음에 모양대로 잘라요.

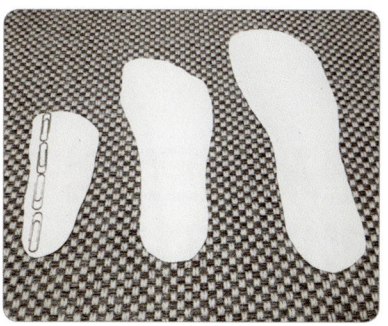

3. 클립을 이용해서 발길이를 재요.

4. 가족마다 클립이 몇 개 사용되었는지 기록하고 비교해요.

놀이를 더 재미있게 하는 팁

▶ 클립이 아니어도 임의 단위로 사용할 수 있는 것은 많아요. 동전, 바둑돌, 가베 등 모양과 크기가 일정한 물건이라면 무엇이든 괜찮아요.

▶ 이 놀이의 목적은 무엇보다 아이가 클립으로 길이를 재야 하는 필요성을 이해하는 데 있어요. 그러니 이에 대해 이야기를 충분히 나누어요.

놀이 내용을 확인해요

아빠 발에는 클립이 13개, 엄마 발에는 클립이 10개, 너의 발에는 클립이 5개가 들어갔어. 누구의 발이 가장 길까? 그렇다면 아빠 발은 엄마발보다 클립 몇 개만큼 길까? 아빠 발은 네 발보다 클립 몇 개만큼 클까?

규칙성

27
순서대로 척척 과일 꼬치!

매일같이 먹는 과일도 아이에게 유익한 규칙성 놀이의 소재가 될 수 있어요. 냉장고에 있는 과일이면 어떤 것이든 괜찮아요. 놀이할 때 주의할 점 한 가지! 아이에게 너무 엄격하게 규칙성을 강요하지 말아요. 성향에 따라 아예 놀이 자체를 싫어하게 될 수 있거든요.

- **선행 개념**   2개의 단순 반복 패턴
- **목표 개념**   3개의 단순 반복 패턴
- **준 비 물**   손가락 한 마디 크기로 자른 과일, 나무 꼬치, 접시

 선행 개념을 확인해요

빈칸에 들어갈 숫자는 무엇일까?

① — ② — ① — ② — ① — ○

92

이렇게 놀아요

1. 준비된 과일을 손가락 한 마디 크기로 잘라요.

2. 자유롭게 꼬치에 과일을 꽂아요.

3. 어른이 정한 순서에 따라 과일을 몇 개 꽂고, 그다음에는 어떤 과일을 꽂으면 될지 알아맞혀요.

4. 이번에는 아이가 순서를 정해 과일을 꽂아요.

놀이를 더 재미있게 하는 팁

▶ 만일 적당한 과일이 없다면 젤리, 시리얼 등의 재료로 대체해요.

Upgrade 모양이나 색깔이 다른 과일을 3종 준비해서 다양한 패턴으로 꼬치를 만들어요. 101010패턴, 110110패턴, 012012패턴에 도전해요. 여기서 0, 1, 2는 각각 다른 과일을 의미해요.

놀이 내용을 확인해요

빈칸에 들어갈 과일은 무엇일까?

규칙성

28
시리얼로 만드는 나만의 목걸이

구멍이 작은 구슬로 목걸이를 만드는 활동은 많은 아이가 좋아하지만 소근육 발달이 아직 덜 되었기 때문에 잘해내기가 쉽지 않아요. 대안으로 시리얼을 추천해요. 자유롭게 끼우기도, 패턴을 만들어 순서대로 끼우기도 유익한 활동이 될 수 있어요.

- 선행 개념　2개의 단순 반복 패턴
- 목표 개념　3개 이상의 단순 반복 패턴
- 준 비 물　다양한 색깔의 시리얼, 실

 **선행 개념을 확인해요**

빈칸에 들어갈 모양은 무엇일까?

●－✗－●－✗－□－✗

이렇게 놀아요

1 시리얼을 색깔별로 나누어요.

2 실 끝과 시리얼을 한 개 묶어 시리얼이 빠져나가지 않게한 다음, 잠시 자유롭게 시리얼을 끼우며 놀아요.

3 먼저 어른이 규칙에 맞추어 10개 정도의 시리얼을 끼우고 나서, 아이에게 도와달라고 해요.

4 이번에는 아이가 스스로 패턴을 만들어 시리얼을 끼우도록 해요.

놀이를 더 재미있게 하는 팁

▶ 테이프로 실 끝을 책상에 붙여도 시리얼이 빠지는 것을 방지할 수 있어요.

Upgrade 모양이나 색깔이 다른 시리얼을 3종 준비하여 다음 그림을 보면서 색다른 패턴을 만들어요. 그림에서 ■ ● ▲ 는 각기 다른 시리얼을 의미해요.

놀이 내용을 확인해요
빈칸에 들어갈 색은 무엇일까?

자료 정리

29
책장으로 작은 도서관 만들기

자료 정리의 가장 기본이 되는 활동은 공통점과 차이점을 찾아 '분류'하는 거예요. 집에 있는 책들을 내용에 따라 '과학책, 이야기책' 등으로, 아이가 좋아하는 소재나 주인공에 따라 '토끼책, 공룡책' 등으로 분류하여 책꽂이에 다시 꽂게 해주세요. 분류의 개념과 필요성을 알게 되고, 또한 책과도 더 친해질 수 있어요.

- **선행 개념** 2가지로 단순 분류하기
- **목표 개념** 3가지 이상으로 단순 분류하기
- **준 비 물** 포스트잇, 필기구, 책

 선행 개념을 확인해요

다음 도형을 둘로 분류해보자.

이렇게 놀아요

1 책꽂이의 책을 관찰하고, 책꽂이의 책들을 어떻게 분류하면 좋을지 이야기해요.

2 책을 분류할 기준을 정해 포스트잇에 적어요.

3 책을 분류하고 이름표를 붙여요.

4 새로운 기준에 따라 책장에 책을 다시 꽂아요.

놀이를 더 재미있게 하는 팁

▶ 아이가 정한 기준대로 책을 나누어 꽂고, 여기에 적합한 이름을 붙여주는 것은 훌륭한 독서 교육의 일환이에요. 조금 번거롭더라도 아이와 의미 있는 시간을 가져요.

▶ 아이의 분류 기준이 납득되지 않더라도 일단 시도하는 것이 중요하니 격려를 해주어요.

Upgrade 도서관에 직접 가서 분류된 책을 살펴보고 이에 관해 이야기를 나누어요.

놀이 내용을 확인해요
다음 동물을 둘로 나누어보자.

2장

...

**종이와
필기구만 있으면
할 수 있는 놀이**

수학은 우리의 일상생활와 동떨어진 학문이 절대 아니에요. 오히려 그 자체라고 할 만큼 밀접해요. 하지만 많은 아이가 수학 공부를 학습지, 문제지로 먼저 만나다 보니 따분하고 어려운 과목으로 인식하고 있고, 급기야 초등학교 때부터 수포자가 나오게 된 거지요. 이제 수학 공부의 목표를 세상의 다양한 현상들 간의 관계를 더 잘 이해하게 해주고 생활 능력을 키워주는 데 두어야 해요. 이번 장에서는 이런 목표를 실천하는 데 적합한 '종이와 필기구만 있으면 할 수 있는 수학놀이'를 소개해요. 교구나 준비물을 마련하기가 번거로울 때, 음식점에서 음식을 주문한 뒤 잠시 기다리면서, 자동차나 기차로 이동하는 중에 등등 여러 상황에서 자연스럽게 활용하는 것을 추천해요.

수와 연산

01
숫자야, 꼭꼭 숨어라 1

"우리, 꼭꼭 숨어라 하자!" 두 돌 전후를 시작으로 초등학교에 입학하고 나서도 아이는 숨바꼭질, 보물찾기라면 활기가 넘쳐요. 바로 이 놀이로 아이가 순서대로 늘어선 수에서 벗어나 뒤죽박죽 섞여 있는 수의 순서를 스스로 찾도록 해요.

- **선행 개념**   10까지의 수 세기
- **목표 개념**   10까지의 수 순서 알기
- **준 비 물**   종이, 필기구

 선행 개념을 확인해요

다음 중 더 큰 수는 무엇일까?

이렇게 놀아요

1 종이와 필기구로 1~10의 숫자 카드를 직접 만들어요.

2 어른이 종이를 아이가 찾기에 적당한 곳에 숨긴 다음, 숨겨진 카드가 어디에 있는지 아이에게 이야기해요.

3 숨겨진 카드를 아이가 찾아오도록 시간을 주어요.

4 아이가 찾아온 카드를 순서대로 배열해요. 10장을 모두 찾으면 놀이 종료!

▶ 숫자 카드를 1장씩 찾을 때마다 한자리에 카드를 순서대로 놓아요. 그러면 자연스레 수의 크기를 비교하게 되지요.

Upgrade 10 이상으로 수의 범위를 더 넓혀요. 이때 1, 5, 8, 12, 16, 19, 22, 26, 30처럼 간격이 뒤죽박죽인 숫자 카드를 준비해요.

 놀이 내용을 확인해요

5보다 크고 7보다 작은 수는 무엇일까?

수와 연산

02
첫째 접지 말고, 셋째 접어!

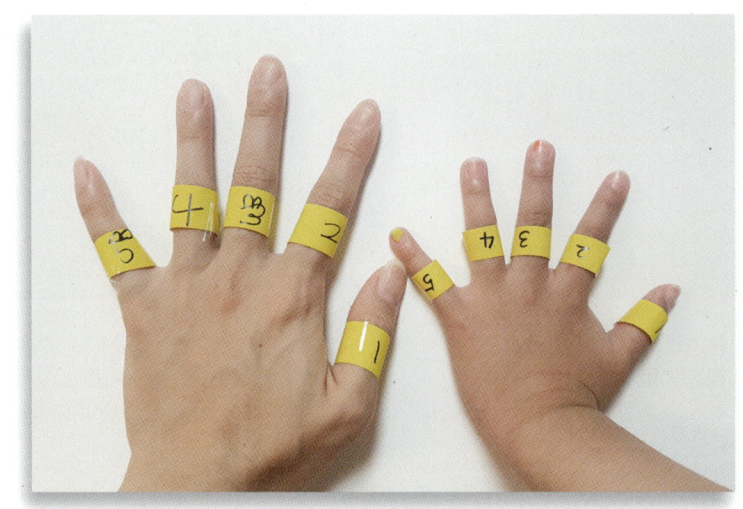

일, 이, 삼, 사…. 하나, 둘, 셋, 넷…. 첫째, 둘째, 셋째, 넷째…. 이렇듯 수를 세는 방법은 무엇을 세는지, 세는 것이 개수인지 순서인지에 따라 다양한데요. 아이는 아직 이를 잘 구분하지 못해요. 차차 익숙해지도록 수의 순서를 나타내는 말을 이용하여 간단한 놀이를 해요.

- **선행 개념**　5까지의 수 세기
- **목표 개념**　5까지의 수 순서 알기
- **준 비 물**　종이, 사인펜, 테이프

선행 개념을 확인해요

줄을 서 있는 아이들 중에서 왼쪽부터 3번째 아이는 손에 무엇을 들고 있을까?

102

이렇게 놀아요

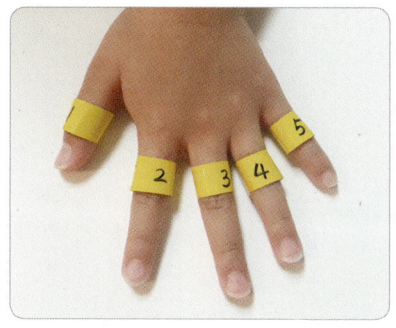

1 1~10의 숫자 반지를 만들어 손가락에 끼워요.

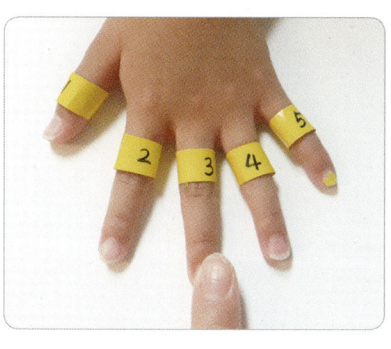

2 "1은 첫째, 2는 둘째…" 하고 어른이 수의 순서를 알려주어요.

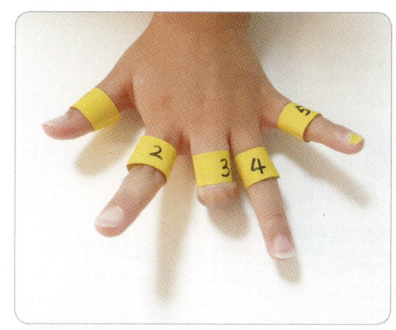

3 어른이 "첫째 접지 말고 둘째 접어!"와 같이 수의 순서를 나타내는 말로 미션을 이야기해요.

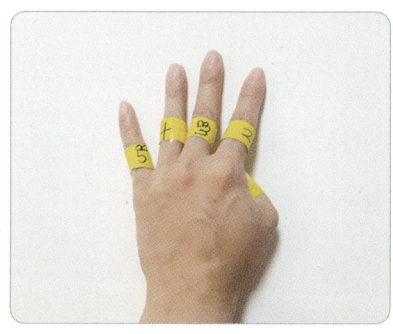

4 이번에는 역할을 바꾸어 아이가 미션을 이야기하게 해요.

▶ 아이가 "첫째, 둘째…" 순서 수에 익숙하지 않다면, "1번 접지 말고 2번 접어" 식으로 명명하는 수를 사용해요.

Upgrade 숫자 반지를 빼고서 맨손으로 놀아요.

 놀이 내용을 확인해요

친구들 5명이 줄을 섰어.
토리가 셋째 자리에 서 있고, 마루는 토리보다 두 칸 뒤에 서있다면
마루는 몇 번째 자리에 서 있을까?

103

수와 연산

03
10이 되는 짝꿍을 찾자

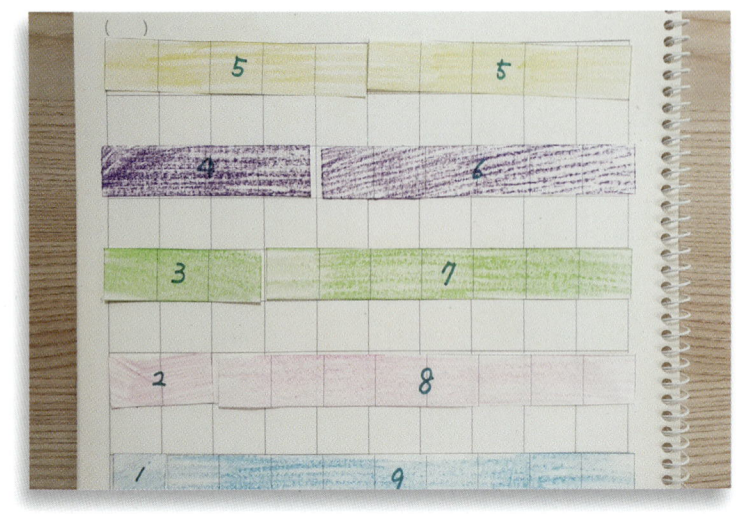

5 만들기가 어느 정도 익숙해진 아이와 함께하는 놀이예요. 10진법 수의 가감산을 위해서는 필수적인 활동이기도 하지요. 덧셈을 단순히 기계적으로 암기해서 해결하는 단계에서 나아가 조작 활동으로 수에 대한 양감까지 함께 길러주어요.

- **선행 개념**   10까지의 수 세기, 5까지의 수 가르기와 모으기
- **목표 개념**   10까지의 수 가르기와 모으기
- **준 비 물**   10칸 공책, 색연필, 가위, 풀

선행 개념을 확인해요

빈칸에 들어갈 숫자는 무엇일까?

이렇게 놀아요

1 10칸 공책을 준비해요.

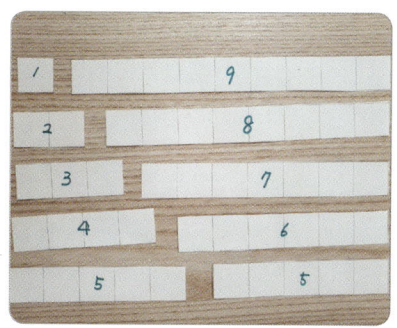

2 한 줄을 여러 방법으로 둘로 나누어 잘라요.

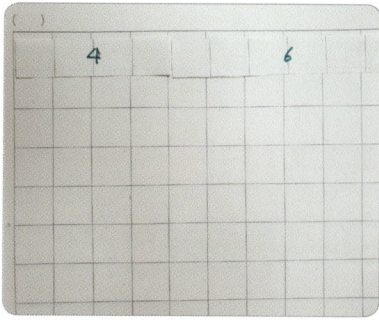

3 10칸 줄에 수막대 하나를 올려놓고, 나머지 공간을 채울 수 있는 막대가 무엇인지 찾아요.

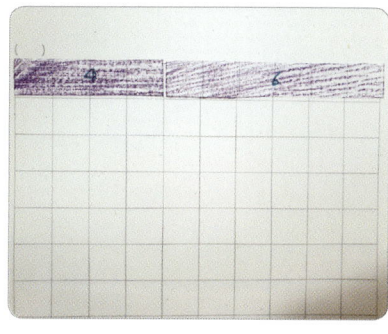

4 10이 되는 수막대 짝을 찾으면 색연필을 이용하여 같은 색으로 칠해요.

놀이를 더 재미있게 하는 팁

▶ 처음에는 아이가 충분한 탐색을 하도록 기다려요. 어른이 섣불리 "2개가 없으니 2개짜리를 찾아"라고 너무 구체적으로 이야기하는 것은 아이로부터 성취감을 느낄 수 있는 기회를 뺏어버리는 셈이에요.

Upgrade 색이 없는 수막대를 이용하여 짝꿍 찾기를 해요. 손가락을 이용하거나 직접 대보지 않아도 알 수 있을 때까지 반복해요.

놀이 내용을 확인해요
빈칸에 들어갈 숫자는 무엇일까?

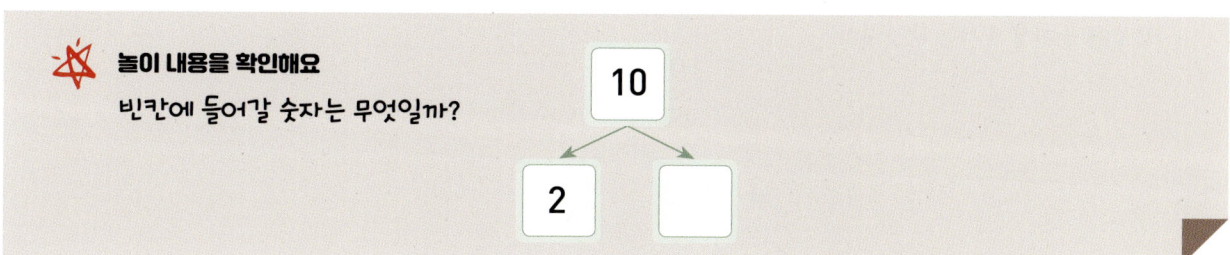

수와 연산

04
숫자야, 꼭꼭 숨어라 2

10을 만들 수 있는 짝꿍 수에 아이가 익숙해지면 보물찾기 놀이에 도전해요. '3과 7', '2와 8'…. 단순히 짝꿍 수를 암기하는 것을 넘어 다양한 수를 조작하고 더하면서 수 개념을 쑥쑥 기를 수 있어요.

- 선행 개념   10까지의 수 세기, 5까지의 수 가르기와 모으기
- 목표 개념   10까지의 수 가르기와 모으기
- 준 비 물   종이, 필기구

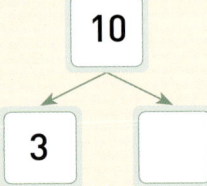 선행 개념을 확인해요

- 계란이 총 10개 있었어. 그런데 마루가 3개를 먹었어. 계란은 몇 개 남았을까?
- 빈칸에 들어갈 숫자는 무엇일까?

10
↙ ↘
3 ☐

🛩️ 이렇게 놀아요

1 숫자 카드를 만들어요. 1, 2, 3은 3장씩, 4, 5는 2장씩, 6, 7, 8, 9는 1장씩 준비해요.

2 한 사람이 숫자 카드를 접어 집 곳곳에 숨겨요.

3 다른 사람이 숨겨진 숫자 카드를 찾아내요.

4 찾아낸 숫자 카드를 조합해서 10을 가장 먼저 만드는 사람이 승리!

놀이를 더 재미있게 하는 팁

▶ 3명이 참여하면, 1명이 숨기고 2명이 찾아요. 2명이 참여할 때에는 1명이 숨기고 1명이 찾고요. 10을 만들 때까지 걸리는 시간을 재어서 승자를 정해요.

Upgrade 숫자 카드를 여러 장 만들어 뺄셈에도 활용해요. '6+5−1'과 같은 방법으로요.

⭐ 놀이 내용을 확인해요

다음 숫자 카드 중 2장을 모아 10을 만들어보자.

107

수와 연산

05
가장 먼저 외쳐봐, 빙고!

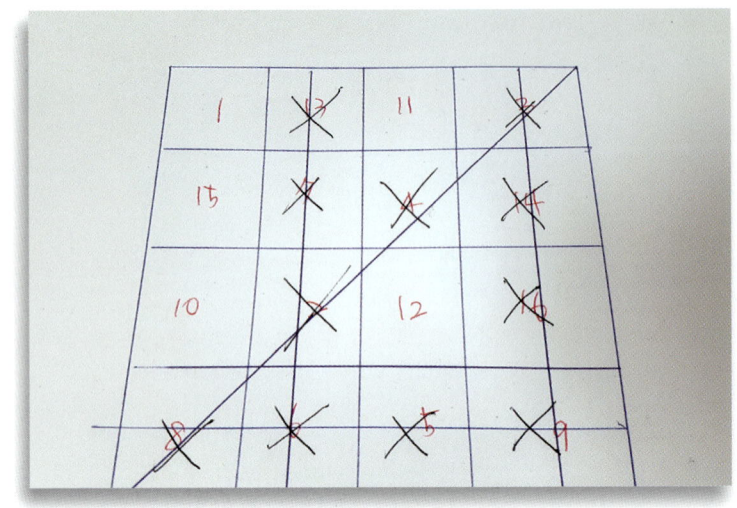

수의 순서를 익히고, 숫자의 이름을 마음껏 불러보는 빙고 놀이예요. 수에 대한 이해뿐만 아니라 게임 규칙에 대한 이해도 필요한 활동이니 아이의 수준을 고려하며 진행해요. 빙고판의 칸 수, 숫자의 개수, 대각선의 유무 등을 고려해주세요.

- **선행 개념**   20 이하의 수 알기
- **목표 개념**   20 이하의 수 알기
- **준 비 물**   종이, 필기구

선행 개념을 확인해요

빈칸에 들어갈 숫자는 무엇일까?

5 ◯ 7 8 9 10

이렇게 놀아요

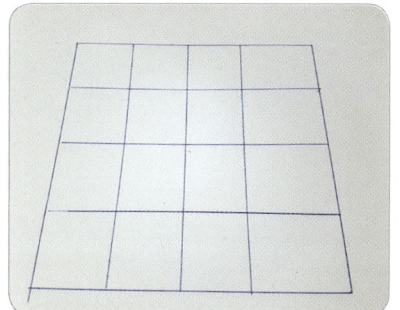

1 4*4 빙고판을 그려요. 커다란 네모를 반으로 나누고 또 반을 나누어 16칸을 만들어요.

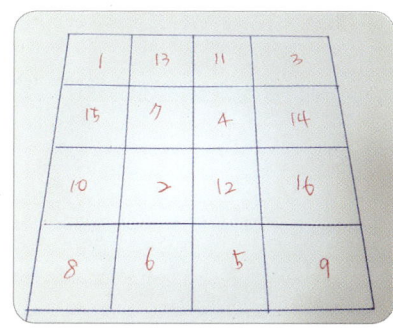

2 1~16의 수를 마음대로 빙고판 칸에 섞어 써요.

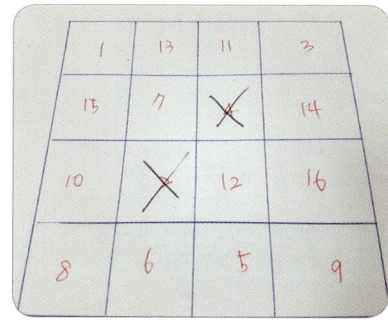

3 놀이에 참여한 사람들은 돌아가며 자기 순서에 원하는 숫자를 부르고, 각자 빙고판에서 그 숫자에 표시해요.

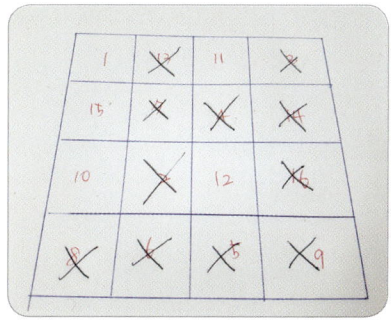

4 숫자 표시가 4개 연속되면 1줄이에요. 4줄이 완성되면 "빙고!"라고 외쳐요.

 **놀이를 더 재미있게 하는 팁**

▶ 처음에는 아이가 '필요한 숫자'를 찾는 것을 어려워할 수 있어요. 이때에는 미리 1~16이 적힌 숫자 카드를 준비한 다음, 번갈아가며 숫자 카드를 뽑고, 그 숫자를 표시하는 방식으로 진행해요.

▶ 4*4 빙고판에 1~25의 숫자 중 16개를 마음대로 골라서 쓴 다음에 빙고 놀이를 해요. 없는 숫자가 나왔을 때는 표시하지 못하는 변수가 있는 놀이예요.

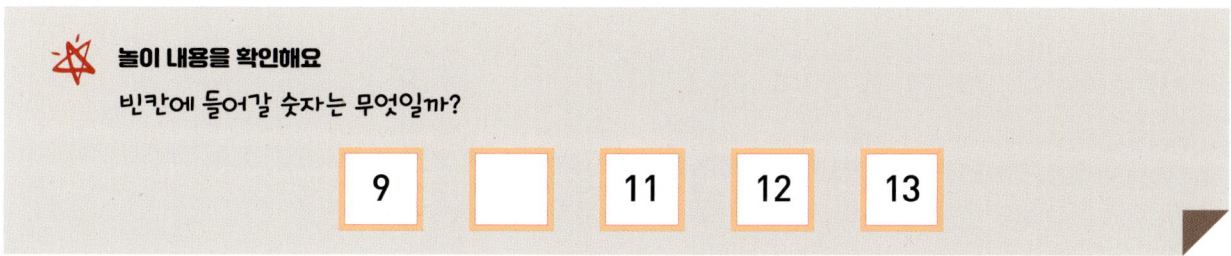

★ **놀이 내용을 확인해요**

빈칸에 들어갈 숫자는 무엇일까?

| 9 | | 11 | 12 | 13 |

수와 연산

06
누가 누가 먼저 찾나?

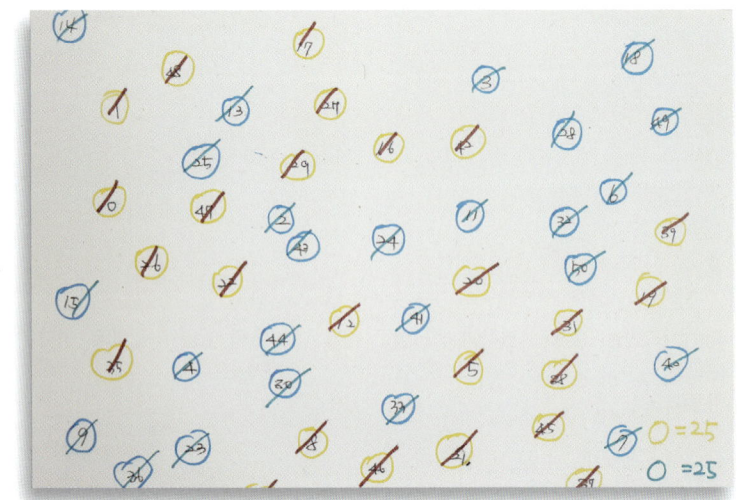

아이가 10, 20까지의 수에 어느 정도 익숙해졌을 때, 이보다 더 큰 수를 가르칠 생각으로 "50까지 숫자를 세어봐"라고 독촉하다 보면 아이는 금세 지치고 질려요. 이번에는 50, 100까지의 수를 즐겁게 세며 수의 순서에 익숙해지는 놀이를 소개해요.

- 선행 개념   20까지의 수 세기
- 목표 개념   50까지의 수 세기
- 준 비 물   종이, 사인펜(색상별로)

선행 개념을 확인해요

빈칸에 들어갈 숫자는 무엇일까?

3 4 5 6 ◯ 8

15 16 17 18 ◯ 20

이렇게 놀아요

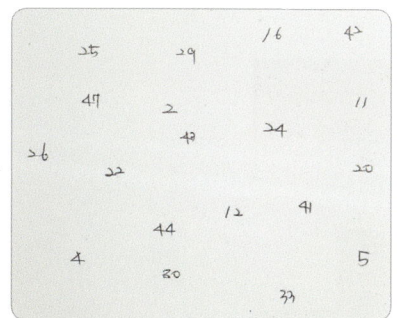

1 종이에 1~50의 수를 자유롭게 써요. 아이가 숫자를 쓸 줄 안다면 직접 쓰게 해요.

2 아이와 어른이 각각 다른 색 사인펜을 선택해요.

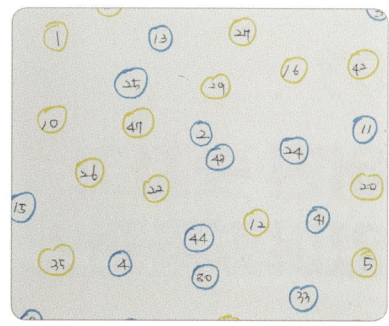

3 1부터 순서대로 숫자를 찾아요. 먼저 찾는 사람이 자신의 펜으로 동그라미 표시를 해요.

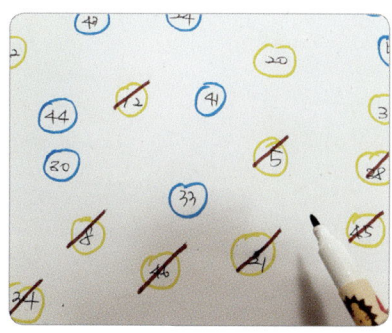

4 50까지 모두 찾으면, 또 다른 색 사인펜을 들고 각자의 동그라미 개수를 세어요.

놀이를 더 재미있게 하는 팁

▶ 50까지의 수가 어렵다면 처음에는 20까지만, 익숙해지면 50, 100까지로 목표 숫자를 늘려요.
▶ 숫자를 크게 읽어가며 동그라미를 쳐요. 이렇게 하다 보면 아이가 숫자를 좀 더 자신 있게 읽게 돼요.

Upgrade 놀이가 끝난 다음에는 결과를 가지고 이야기를 나누어요. 예를 들어, 엄마가 20개, 아이가 30개를 찾았다면 "너는 엄마보다 몇 개를 더 찾았지?"라고 질문해요.

놀이 내용을 확인해요

빈칸에 들어갈 숫자는 무엇일까?

| 45 | 46 | 47 | 48 | | 50 |

수와 연산

07
어떤 숫자가 없어졌을까?

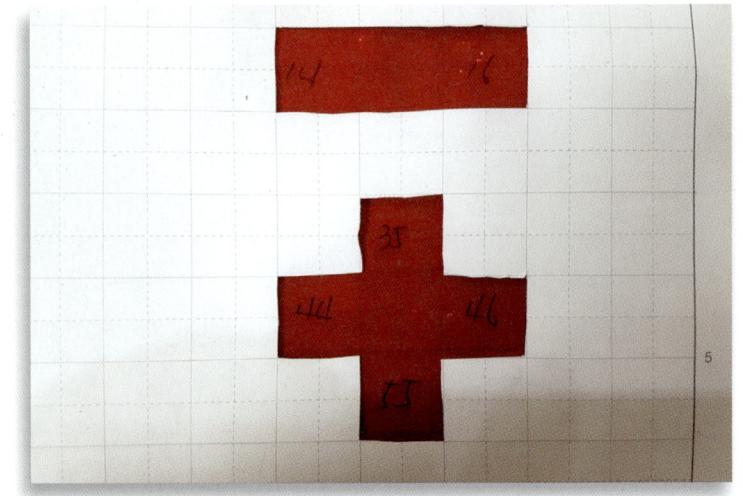

1~100의 수가 적힌 수백판은 아이의 수 개념을 키우는 데 필수적인 교구이지요. 그런데 매일 벽에 붙어 있는 수백판을 관찰하는 것을 아이가 지겨워한다고요? 그렇다면 이를 활용하여 새로운 놀이를 해요. 셀로판지만 준비하면 아이는 수학과 더 친해질 수 있어요.

- 선행 개념   100까지의 수 세기
- 목표 개념   100까지의 수에서 규칙성 찾기
- 준 비 물   10칸 공책, 사인펜(빨강, 노랑, 초록, 파랑), 셀로판지(빨강, 노랑, 초록, 파랑), 가위

선행 개념을 확인해요

빈칸에 들어갈 숫자는 무엇일까?

이렇게 놀아요

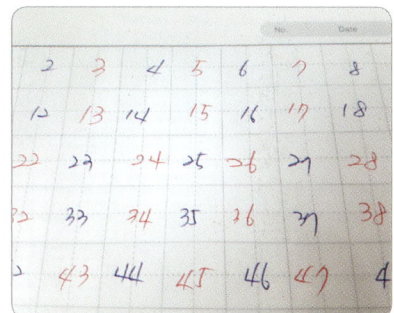

1 10칸 공책에 1~100의 수를 써요. 이때 빨강, 노랑, 초록, 파랑색 사인펜을 적당히 섞어서 사용해요.

2 빨강, 노랑, 초록, 파랑색 셀로판지를 공책에 대면, 해당 색상의 숫자만 사라져요. 그다음에는 사라진 숫자가 무엇인지 맞히는 놀이를 해요.

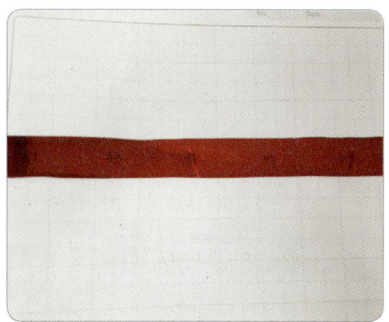

3 10칸 공책을 한 장 더 꺼내 가로나 세로로 한 줄 오려요. 이를 2번의 종이에 대면 놀이 난이도가 더 올라가요.

4 이번에는 10칸 공책을 한 장 더 꺼내 다양한 모양으로 오려요. 이를 2번의 종이에 올린 뒤 가려진 숫자를 맞히는 놀이를 해요.

▶ 펜의 종류에 따라 셀로판지로 가려지지 않는 경우가 있을 수 있어요. 미리 확인하고 놀이를 시작해요.

Upgrade 101~200, 901~1000 등 수의 범위를 달리 해요.

놀이 내용을 확인해요

수백판을 다음처럼 잘랐대. 빈칸에 들어갈 수는 무엇일까?

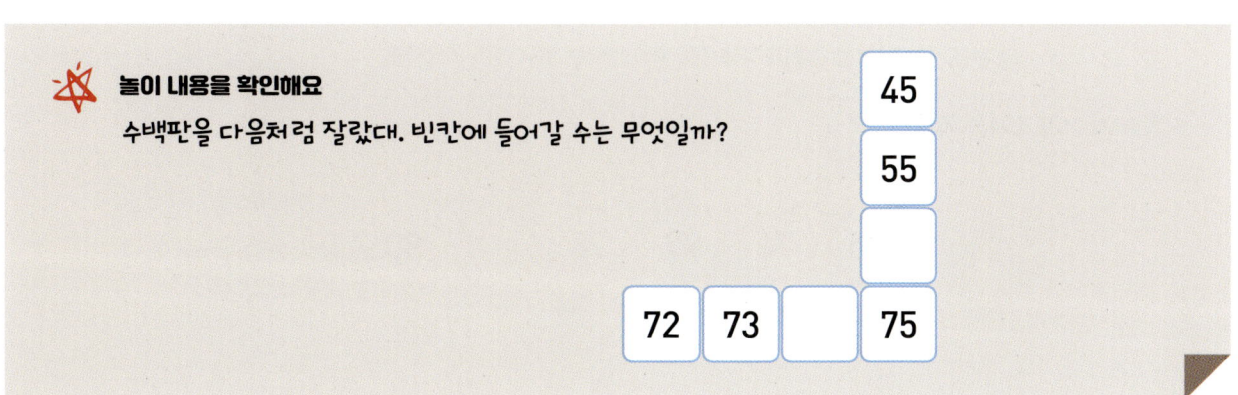

113

수와 연산

08
도전!
100칸 퍼즐

100까지의 수는 얼핏 보기에 굉장히 많은 수여서 아이 입장에서는 익힐 엄두가 나지 않아요. 이때 놀이로 수를 경험하게 하세요. 물론 어른의 노력이 조금 필요하지만, 곧 아이가 흥미롭게 숫자 쓰기에 참여하는 모습을 볼 수 있을 거예요.

- 선행 개념   100까지의 수 세기
- 목표 개념   100까지의 수 쓰기
- 준 비 물   10칸 공책, 사인펜(색상별로), 타이머

선행 개념을 확인해요

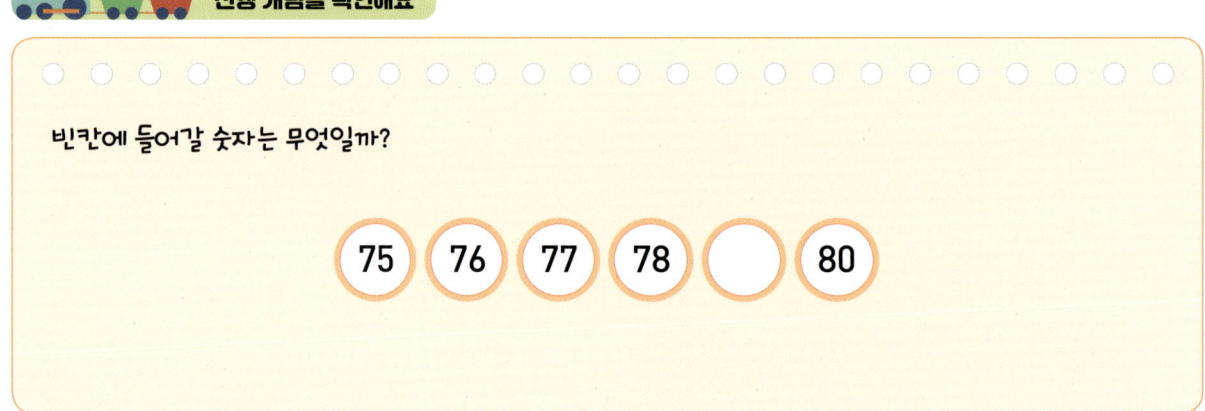

빈칸에 들어갈 숫자는 무엇일까?

75 76 77 78 ○ 80

이렇게 놀아요

1 10칸 공책을 준비해요. 아이와 어른이 각자 다른 색상의 펜을 들어요.

2 10초 동안 첫 번째 사람이 숫자를 순서대로 써요. 10초가 지나면 다음 사람에게 기회를 넘겨요.

3 다음 사람은 앞사람이 쓴 숫자에 이어서 수를 써요. 마찬가지로 10초가 지나면 차례가 끝나요.

4 릴레이식으로 2명이 번갈아가며 숫자를 100까지 다 쓴 다음에는 종이를 퍼즐처럼 적당한 모양으로 잘라요.

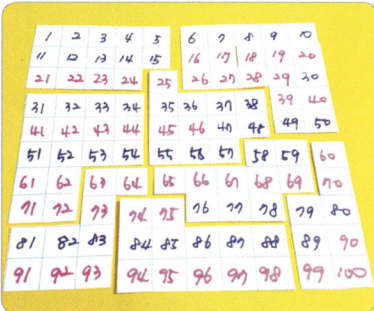

5 자른 종이들을 다시 맞추어요.

▶ 타이머가 10초마다 울리게 설정해요. 타이머의 시간을 조절하면 더욱 속도감 있는 놀이가 돼요.

Upgrade 수의 구간을 색다르게 설정하면 (151~250 등등) 놀이를 더 재미있게 할 수 있어요.

 놀이 내용을 확인해요

빈칸에 들어갈 숫자는 무엇일까?

36	37	38		40
46	47	48		50
			58	59
				69
76	77			80

115

수와 연산

09
어떤 것이 큰 수, 작은 수?

임의로 뽑는 숫자 카드 2장을 이용하여 큰 수, 작은 수를 만들어요. 십의 자릿수, 일의 자릿수에 대한 개념을 다질 수 있을 뿐만 아니라 두 자릿수와 더욱 친해질 수 있는 놀이예요. 아이가 놀이에 자신감이 붙으면 세 자릿수, 네 자릿수도 만들어요.

- 선행 개념   100까지의 수 순서
- 목표 개념   100까지의 수 비교
- 준 비 물   종이, 필기구

 선행 개념을 확인해요

다음 중 더 큰 수는 무엇일까?

(38) (27)   (45) (39)   (52) (67)

116

 **이렇게 놀아요**

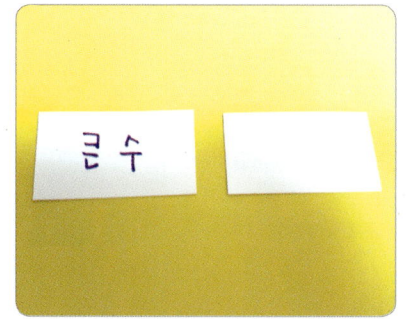

1 '큰 수', '작은 수'라고 적은 카드를 각각 1장씩 만들어 무작위로 1장을 뽑아요. 결과에 따라 목표 숫자가 큰 수인지 작은 수인지 결정해요.

2 1~10의 숫자 카드를 섞은 뒤 뒤집어요.

3 어른과 아이, 각각 숫자 카드를 2장씩 뽑아요.

4 뽑은 숫자 카드로 두 자릿수를 만들어요. 미리 정한 규칙에 따라 더 큰 수, 혹은 더 작은 수를 만든 사람이 승리!

 놀이를 더 재미있게 하는 팁

▶ 두 자릿수를 비교하는 방법을 아이에게 알려주어요. 일의 자릿수가 아무리 크더라도, 십의 자릿수가 더 작다면 더 작은 수가 되니 십의 자리부터 비교하라고 해요.
▶ 0~9가 적힌 숫자 카드를 2장 이상 만들면 다양한 변수가 생겨서 놀이가 더 재미있어요.
▶ 십의 자리가 0인 수(10이하 수)도 함께 다루어요.

놀이 내용을 확인해요

마루가 숫자 카드 중에서 5, 8을 뽑았어. 이것으로 만들 수 있는 가장 큰 수는 무엇일까? 그리고 가장 작은 수는?

수와 연산

10
숫자 메모리 게임

간단한 준비물과 갖추면 되는 이 놀이에서 아이는 다양한 방법으로, 다양한 범위의 수를 조작할 수 있어요. 아이가 필요한 카드의 위치를 전략적으로 기억하고, 적극적으로 수학식을 만드는 활동을 시작해요!

- 선행 개념   10 이하의 덧셈과 뺄셈
- 목표 개념   10 이하의 덧셈식과 뺄셈식 만들기
- 준 비 물   종이, 필기구

선행 개념을 확인해요

빈칸에 들어갈 숫자는 무엇일까?

3 + 5 = ☐   8 - ☐ = 6

이렇게 놀아요

1 직접 1~10의 숫자 카드를 만들어요.

2 숫자 카드를 잘 섞은 다음에 뒤집어 놓아요.

3 첫 번째 사람이 예상되는 숫자를 부르며 숫자 카드를 뒤집어요. 다른 숫자가 나오면 다른 사람에게 차례가 넘어가요.

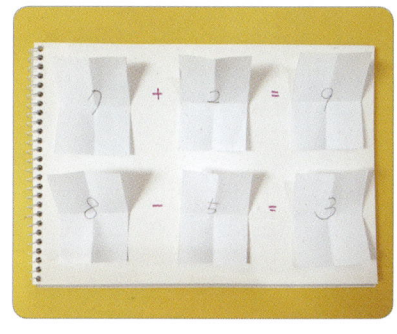

4 뒤집어진 숫자 카드를 이용하여 덧셈식 혹은 뺄셈식을 만들어요.

놀이를 더 재미있게 하는 팁

▶ 아이가 어려워한다면 처음에는 어른이 적극적으로 도와요. "8, 6이 나왔네. 8 빼기 6은 무엇이지? 2가 어디에 있었더라?" 하고 질문하는 방식으로요.

Upgrade 카드를 3장 뽑아 '두 자릿수+한 자릿수'를 만든 다음, 아이가 답을 직접 찾게 해요.

놀이 내용을 확인해요

숫자 카드 3, 5, 8로 만들 수 있는 덧셈식, 뺄셈식은 무엇이 있을까?

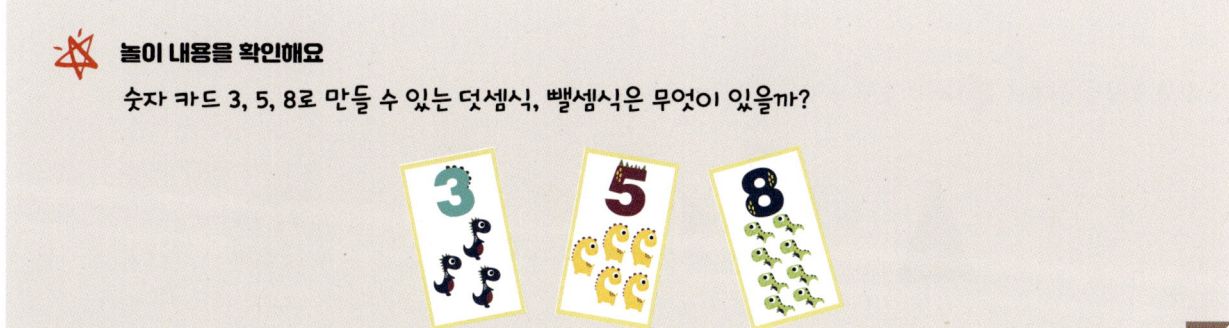

공간과 도형

11
똑같은 모양끼리 모아보자!

도형에 대한 인지는 도형을 직관적으로 관찰하고 속성이 비슷한 것끼리 묶고, 도형에 이름을 붙이면서 시작돼요. 그러니 어른은 아이에게 "변이 3개 있는 것을 찾아봐. 그게 삼각형이야"라고 말하기보다 "이것과 비슷한 것을 찾아봐"라고 하는 게 좋아요.

- **선행 개념** 동그라미와 동그라미가 아닌 것을 구분하기
- **목표 개념** 모양이 비슷한 도형을 찾아 세모, 네모, 동그라미 이름 붙이기
- **준 비 물** 색종이, 필기구, 가위

 선행 개념을 확인해요

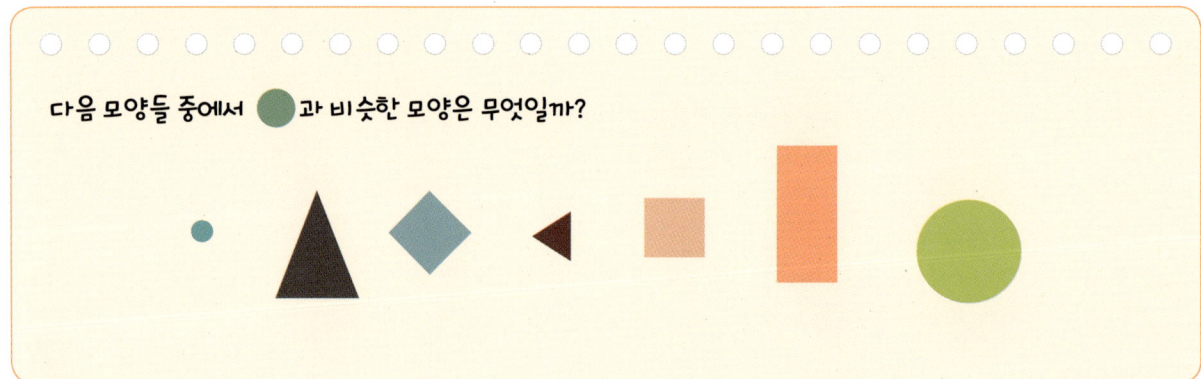

다음 모양들 중에서 ● 과 비슷한 모양은 무엇일까?

이렇게 놀아요

1 색종이를 동그라미, 네모, 세모 모양으로 잘라요.

2 각각의 도형을 살펴보며 비슷한 도형끼리 분류해요.

3 도형들의 특징에 대해 함께 이야기를 나누어요.

4 도형들의 특징을 고려하여 아이가 직접 도형에 이름을 붙이게 해요. 그런 다음 어른이 '세모, 네모, 동그라미' 등의 이름을 알려주어요.

놀이를 더 재미있게 하는 팁

▶ "동글동글해." "뾰족뾰족해." 아이가 도형의 특징을 설명할 때 관찰한 결과를 자유롭게 자신의 언어로 이야기하도록 해요. "변이 세 개 있지?"라고 어른이 전문 용어로 개입하면, 아이는 자신감과 흥미를 잃을 수 있어요.

Upgrade 자른 색종이를 도화지에 마음대로 붙이고 꾸며요.

놀이 내용을 확인해요

다음 도형들은 동그라미 나라, 세모 나라, 네모 나라에서 왔대. 각각의 도형들이 어디에서 왔는지 말해보자.

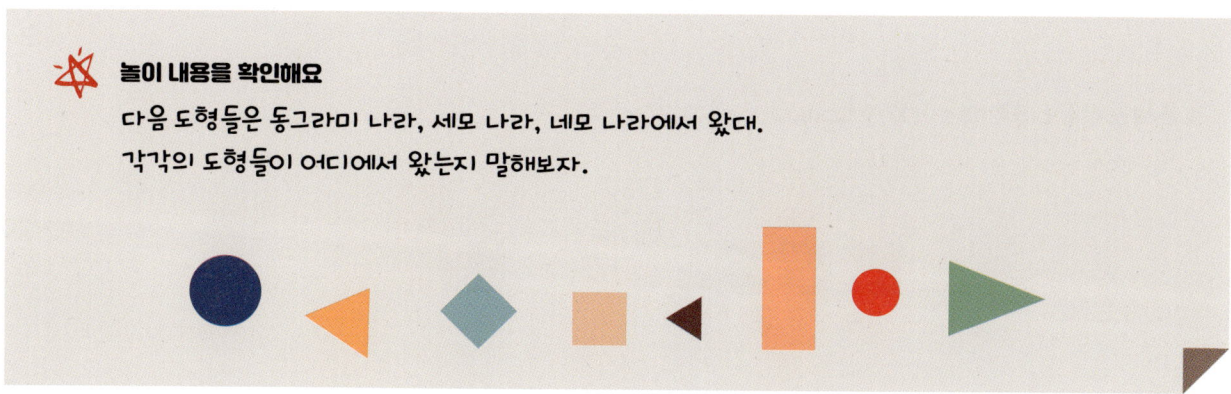

공간과 도형

12
색종이로 만드는 도형 퍼즐

5개 조각 이상의 퍼즐 맞추기가 가능하고, 공간에 대한 이해가 어느 정도 생긴 아이와 함께 할 수 있는 놀이예요. 정해진 공간 내에서 다양한 변화를 만들어 공간 지각력을 길러주고, 문제 해결을 위한 다각적인 사고 능력을 배양하며, 창의력까지 향상시킬 수 있어요.

- 선행 개념   5개 조각 이상의 퍼즐 맞추기
- 목표 개념   4*4 공간에 대한 이해
- 준 비 물   색종이, 가위, 풀

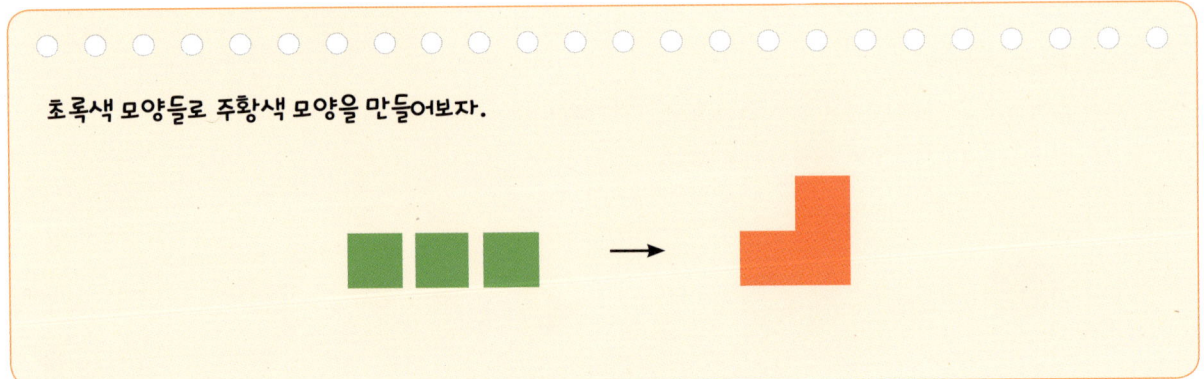

초록색 모양들로 주황색 모양을 만들어보자.

이렇게 놀아요

1 색종이를 16등분으로 접어요.

2 접힌 선을 따라 자유롭게 오려서 도형을 만들어요.

3 도형들을 섞은 다음, 다시 원래 모양으로 맞추어요.

4 도형 맞추기가 익숙해지면 마음대로 여러 모양을 만들어요.

놀이를 더 재미있게 하는 팁

▶ 색종이를 오릴 때는 하나의 도형이 3칸 이상이 되게 해요.
▶ 난이도 조절을 위해 처음에는 도형의 모양을 단순하게 나누어요.

Upgrade 아이가 도형들을 자유롭게 배열하고 나서 종이에 그 외곽선을 본떠 그리면, 어른이 이를 보며 도형을 맞추어요. 그런 다음, 어른과 아이의 역할을 바꾸어 놀이를 해요.

놀이 내용을 확인해요

파랑색 도형을 이용하여 만들 수 없는 모양은 다음 중 무엇일까?

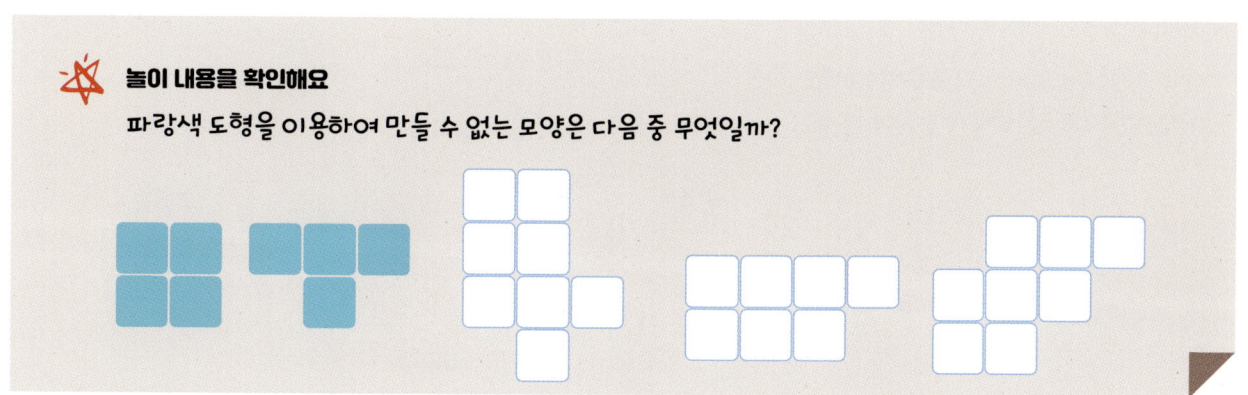

123

공간과 도형

13
나랑 똑같이 그려볼래?

아래로 3칸, 오른쪽으로 2칸, 또다시 아래로 5칸. 이와 같은 '순차적 사고'는 유아동 코딩 교육에서도 기본적으로 다루는 사고 기법이에요. 초등학교에서 정식으로 배우는 코딩 교육을 놀이로 살짝 체험해보아요!

- **선행 개념** 위치를 나타내는 단어의 이해
- **목표 개념** 순차적으로 사고하기
- **준 비 물** 10칸 공책, 색연필

선행 개념을 확인해요

다음 그림에서 토끼가 당근을 먹으려면, 어떤 방향으로 몇 칸씩 이동해야 할까?

이렇게 놀아요

1 10칸 공책에 여러 색상의 색연필로 마음대로 색칠해요.

2 색칠한 그림을 상대방에게 설명해요. "제일 왼쪽 위에 1칸을 노란색으로 칠하고, 오른쪽으로 3칸 가서 빨간색을 칠해요"라는 식으로요.

3 설명을 들은 사람은 이해한 대로 종이에 그림을 그려요.

4 그림을 완성하면 상대방의 그림과 비교해요.

 **놀이를 더 재미있게 하는 팁**

▶ 처음에는 5*5 크기로 놀이를 시작하고, 색연필은 2~3가지 색만 사용해요.
▶ "그 옆에 옆에 칠해요" 식의 말보다는 "오른쪽으로 2칸 가서 칠해요"와 같이 방향과 칸 수를 정확하게 표현하는 말을 사용해요.

Upgrade 점차 종이의 칸 수와 색상 종류를 늘리고, 그림의 난이도 또한 높여요. 특히 가로축에는 '가, 나, 다…'로, 세로축에는 '1, 2, 3…'로 이름을 붙여서 칸 이름을 '가3'과 같이 불러요.

 놀이 내용을 확인해요

오른쪽 표에서 제일 왼쪽 위 칸을 칠하고, 그 오른쪽으로 2칸을 더 칠해보자. 위에서 2번째 줄 3번째 칸을 칠하고, 그 아래쪽으로 2칸을 더 칠하면, 어떤 모양이 되었지?

공간과 도형

14
앞으로 3걸음 가시오

놀이터에서 흔히 볼 수 있는 "앞으로 3걸음 가시오. 보물이 묻혀 있음!"과 같은 낙서는 상상력을 자극하지요. 이를 바탕으로 하는 놀이를 소개해요. 간단한 재료만으로 순차적 사고력을 길러줄 수 있는 데다가 아이도 흥미를 많이 보일 거예요.

- **선행 개념**　방향을 나타내는 단어 이해하기
- **목표 개념**　방향을 나타내는 단어 이해하기
- **준 비 물**　종이, 필기구, 테이프

선행 개념을 확인해요

강아지가 집에 가려고 다음처럼 이동했대.
어떻게 이동했는지 말로 설명해볼까?

이렇게 놀아요

1. 물건을 집의 특정한 장소에 숨겨요.

2. 어른이 먼저 그 물건까지 가는 길을 쪽지에 적어 곳곳에 붙이는 시범을 보여요. "3걸음 앞으로 가시오. 오른쪽으로 돌아 2걸음 가시오."

3. 이번에는 아이가 물건을 숨기고 쪽지에 가는 길을 적어요. 반드시 그 물건까지 가는 방향과 걸음 수를 미리 세어보게 해요.

4. 아이가 쪽지를 붙이면, 어른은 그 지시문을 따라 이동해서 물건을 찾아요.

놀이를 더 재미있게 하는 팁

▶ 아이와 어른의 보폭 차이가 있으니 주의가 필요해요. 어른이 쪽지를 작성할 때는 아이 보폭에 맞추어 써요.

Upgrade 경로를 좀 더 복잡하게 만들어요.

놀이 내용을 확인해요

고양이가 놀이터에 들렀다가 집에 가고 싶대. 이동하는 방법을 말로 설명해볼까?

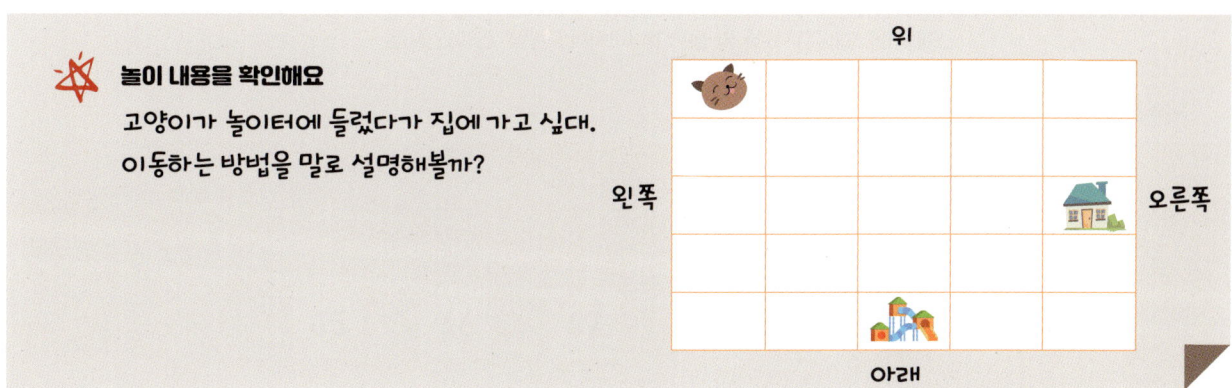

공간과 도형

15
내 반쪽을 찾아줘!

구체적인 조작 활동으로 도형 대칭의 의미를 알고 이를 그리는 활동이에요. 단순한 도형도 괜찮지만, 아이가 평소에 좋아하는 그림을 활용하면 더욱 다양하게 그리고 훨씬 재미있게 놀이를 할 수 있어요.

- 선행 개념   기본 도형의 대칭
- 목표 개념   선대칭 그림 그리기
- 준 비 물   10칸 공책, 색연필

 선행 개념을 확인해요

색종이를 반으로 접어 삼각형이 나오도록 잘라보자.

 **이렇게 놀아요**

1 10칸 공책을 반으로 접어 대칭축을 만들어요.

2 한쪽 면에 그림의 반쪽을 그려요.

3 반대쪽 면에 대칭되는 그림을 똑같이 그려요.

4 종이를 반으로 접어 대칭이 되었는지 확인해요.

놀이를 더 재미있게 하는 팁

▶ 대칭되는 그림을 아이에게 바로 그리라고 하면 어려워할 거예요. 그림에서 '점'을 찾아 대칭이 되는 곳에 찍게 한 다음에 그 점을 이어 그림을 완성하게 해요.
▶ 10칸 공책이 없다면 일반 도화지도 괜찮아요. 이때 크기나 길이가 달라질 수 있으니 모양이 맞으면 맞는 걸로 이야기해요.

놀이 내용을 확인해요
다음 그림의 반쪽을 바르게 그린 것은 어떤 것일까?

공간과 도형

16
색종이를 반 접으면 멋진 작품이 짠!

어떤 직선(대칭축)을 중심으로 접었을 때 완전히 겹쳐지는 도형을 '선대칭 도형'이라고 해요. 선대칭 도형을 이해하는 가장 쉬운 방법은 색종이를 반으로 접어 마음껏 잘라보는 거예요. 멋진 미술 작품을 만들며 도형의 세계로 떠나요!

- 선행 개념　기본 도형의 대칭
- 목표 개념　선대칭 도형으로 작품 만들기
- 준 비 물　색종이, 가위, 풀

 선행 개념을 확인해요

색종이를 반으로 접어서 사각형을 만들자.

이렇게 놀아요

1 색종이를 2장 준비해요. 그중 1장을 4분의 1로 오려요.

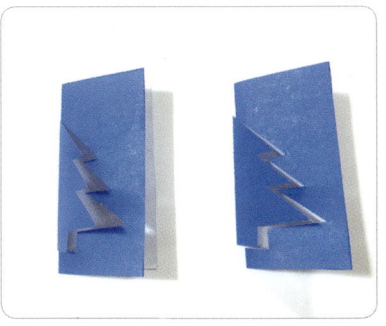

2 4분의 1로 자른 종이 2장을 또다시 반으로 접어 마음대로 오려요.

3 자른 종이와 배경 종이를 분리해요.

4 맨 처음 준비했던 색종이 1장에 3번의 종이들을 사진처럼 붙여요.

놀이를 더 재미있게 하는 팁

▶ 반 접은 종이를 자를 때에는 대칭축을 중심으로 하나의 도형이 되게 잘라요.
▶ 종이를 여러 장 붙여서 더욱 멋진 작품을 만들어요.

놀이 내용을 확인해요

다음 중 반으로 접어서 자를 수 없는 모양은 무엇일까?

공간과 도형

17
점점점
세모세모세모!

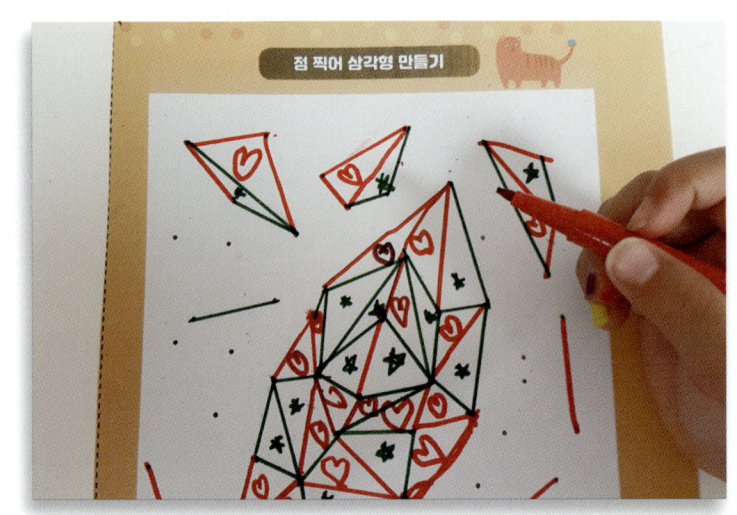

위의 사진을 보고 아마도 '아하!' 하신 분들 많으실 거예요. 이렇게 어른들도 학창 시절 한번 쯤 해봤던 놀이를 아이와 같이 진행해보아요! 아이가 삼각형이라는 도형에 대해 잘 이해하고 있고, 자를 활용해서 종이에 선을 그을 줄 안다면 아주 재미있어할 거예요.

- 선행 개념   삼각형의 성질 알기
- 목표 개념   다양한 모양의 삼각형 그리기
- 준 비 물   종이, 사인펜, 자

선행 개념을 확인해요

다음 중 삼각형이 아닌 것은 무엇일까?

 **이렇게 놀아요**

1 종이에 점을 찍어요. 점과 점 사이는 약 2센티미터 이상 간격을 두고요. 아이와 어른 각자가 다른 색의 펜을 준비해요.

2 어른이 먼저 두 점을 잇는 직선을 그려요. 다음으로 아이 역시 두 점을 잇는 직선을 그려요.

3 삼각형의 세 번째 변을 그리면 그 삼각형을 갖게 돼요. 삼각형 가운데에 자신만의 표시를 해요.

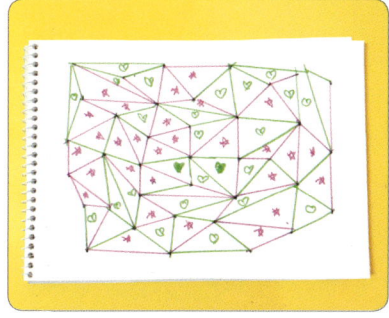

4 모든 점을 연결한 다음에 표시를 더 많이 한 사람이 누구인지 확인해요. 그 사람이 승리!

놀이를 더 재미있게 하는 팁

▶ 점을 이어 삼각형을 만들 때에는 만들어진 삼각형 안에 또 다른 점이 있으면 안 돼요. 또 하나의 선이 다른 선 위를 지나가도 안 돼요.
▶ 다른 점을 피하다 보면 자칫 선이 구불구불해지니 자를 대고 선을 그어요.

 놀이 내용을 확인해요
다음 점들을 이으면 몇 개의 삼각형이 나올까?
(단, 여러 개의 삼각형을 포함하는 큰 삼각형은 제외)

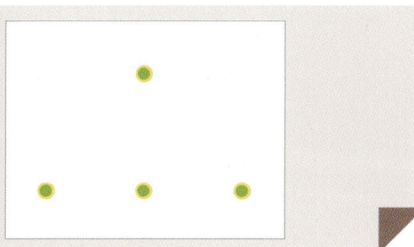

133

공간과 도형

18
우리 집 보물 지도 만들기

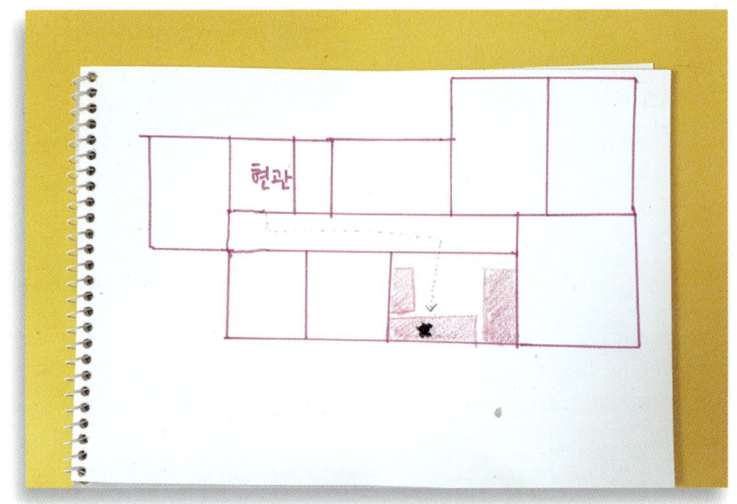

유아기 후반에 접어들면 아이는 집, 놀이터, 유치원 등 익숙한 장소를 지도에 표시할 수 있어요. 이때 보물 지도 만들기를 하면 좋아요. 위치와 방향에 대한 이해가 높아져서 공간 개념의 기초가 탄탄해지거든요.

- **선행 개념** 위치와 방향을 나타내는 단어 이해하기
- **목표 개념** 위치와 방향 나타내기
- **준 비 물** 종이, 사인펜

 선행 개념을 확인해요

다음 지도에서 다람쥐가 우체통까지 가려고 한대. 자기보다 덩치가 큰 무서운 동물들을 피하려면 어떻게 가면 좋을까? 손으로 짚으며 이야기해보자.

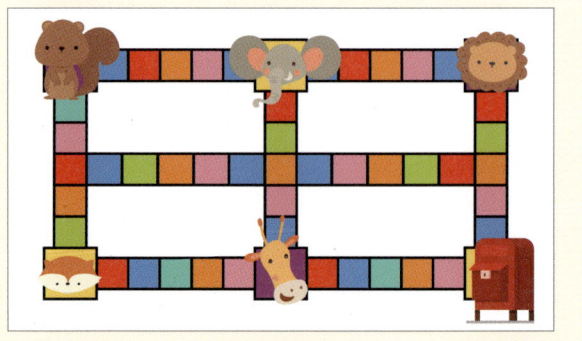

이렇게 놀아요

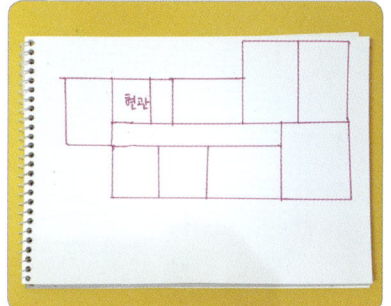

1 우리 집 지도(평면도)를 그려요.

2 보물을 숨겨요.

3 숨긴 장소를 지도에 표시해요.

4 상대에게 지도를 따라가며 보물을 찾게 해요.

놀이를 더 재미있게 하는 팁

▶ 아이가 집 지도를 직접 그리기 어려워할 때는 실제 평면도를 활용하거나 어른이 그린 평면도를 활용해도 좋아요.

Upgrade 집 지도에 익숙해지면 지도의 범위를 점차 넓혀요. 집에서 놀이터까지 표시한 지도, 아파트 단지 지도 등으로요.

 놀이 내용을 확인해요

다음 지도를 보고 학교에 가는 방법을 찾아보자.

135

측정, 공간과 도형

19
칠교 조각, 가장 넓은 것을 찾아라

도형에 대해 어느 정도 이해를 하고 있는 아이라면 칠교 놀이에 도전해보세요! 7개의 칠교 조각(일명 '칠교판')으로는 다양한 놀이가 가능하지요. 여기에서는 칠교 조각을 이용해서 도형의 넓이를 조각으로 조금 더 분석적으로 비교해보고 이를 놀이에 활용해요.

- 선행 개념   칠교 조각으로 모양 만들기
- 목표 개념   임의 단위로 면적 측정하기
- 준 비 물   색종이, 필기구, 가위

 선행 개념을 확인해요

다음처럼 모양과 크기가 같은 2개의 세모로 네모를 만들자.

 **이렇게 놀아요**

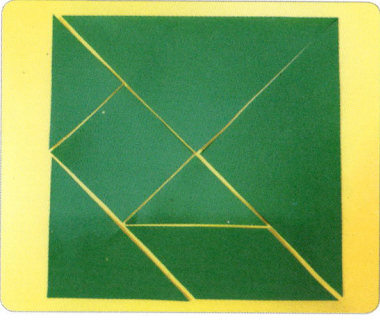

1 색종이를 사진과 똑같은 모양으로 잘라요.

2 다른 색종이를 사진과 같은 모양으로 잘라요. 모든 도형이 넓이가 1이에요.

3 1번의 각각의 도형에 2번의 조각을 올려요. 모두 몇 개가 들어가는지 확인해요.

4 2번의 조각이 들어가는 개수만큼 숫자를 쓰고 도형의 넓이를 비교해요.

 **놀이를 더 재미있게 하는 팁**

▶ 처음에는 아이에게 도형의 넓이를 직관적으로 가늠하게 해요. 그런 다음에 위의 '이렇게 놀아요' 2번처럼 넓이가 1인 도형을 이용하여 넓이를 재서 실제 넓이를 확인하게 해요.

Upgrade 전체 도형의 넓이가 10이 되도록 모양을 만들어요.

★ **놀이 내용을 확인해요**

다음 칠교 조각 중 가장 큰 것과 가장 작은 것은 무엇일까?

137

측정

20
시계 속에 담긴 나의 하루

아이는 점차 시간 개념을 갖기 시작해요. 언젠가부터 "엄마, 오늘 집에 몇 시에 올 거야?" 같은 이야기를 하기도 하지요. 이 시기에 아이의 하루 일과를 시각을 중심으로 정리해보아요. 시간 개념을 체계화하고 계획성을 키우는 데 도움이 될 거예요.

- **선행 개념** 정시 시각 읽기
- **목표 개념** 정시 시각 쓰기
- **준 비 물** 종이, 색연필, 사인펜, 시계

 선행 개념을 확인해요

다음 시계가 가리키는 시각은 몇 시일까?

이렇게 놀아요

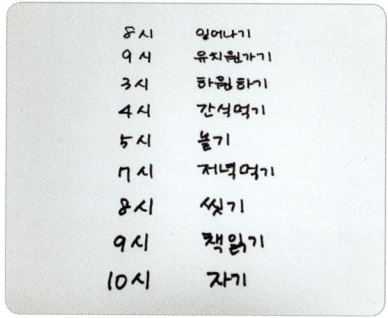

1 아이의 하루를 시각을 기준으로 정리해요.

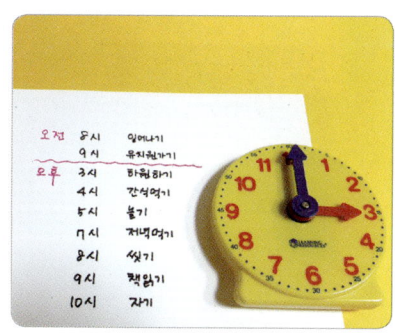

2 시계를 이용하여 정리된 내용에 등장하는 시각을 맞추어요.

3 하루에 짧은 바늘이 몇 바퀴 도는지 알아보아요.

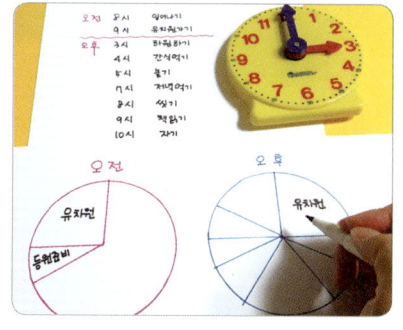

4 1번에서 정리한 내용을 2개의 원으로 다시 표시해요.

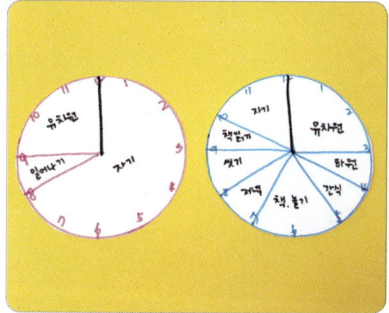

5 원을 오려요.

6 두 원의 12시 부분을 그림처럼 오린 다음, 낮 12시가 이어지도록 테이프로 붙여요.

 놀이를 더 재미있게 하는 팁

▶ 2개의 원에 하루 일과를 표현하면 하루에 짧은 바늘이 두 바퀴 돈다는 것을 아이에게 인식시킬 수 있어요.
▶ 요일별로 일과가 다르다면, 요일별로 다른 원을 그려 표현하는 것도 좋아요.
▶ 정각 단위의 시계 읽기에 익숙해지면 30분 단위로 읽는 연습을 해요.

 놀이 내용을 확인해요
하루 일과표를 보고 말해보자. 너는 오후 5시에 무엇을 했니?

규칙성

21
직접 그리고 쓰는 나만의 달력

우리가 거의 매일같이 접하는 달력에 적힌 숫자들을 자세히 살펴보면, 수의 순서는 물론 수의 규칙성도 발견할 수 있어요. 아이와 함께 집에 있는 달력을 관찰하고 나아가 개성 있는 달력을 만들어보세요.

- **선행 개념** 30까지의 수 세기와 띄어 세기
- **목표 개념** 두 자릿수와 한 자릿수의 덧셈
- **준 비 물** 종이, 사인펜, 색연필, 자

선행 개념을 확인해요

다음 빈칸에 들어갈 숫자는 무엇일까?

2 - 4 - 6 - ☐ - 10   5 - 10 - 15 - 20 - ☐ - 30

이렇게 놀아요

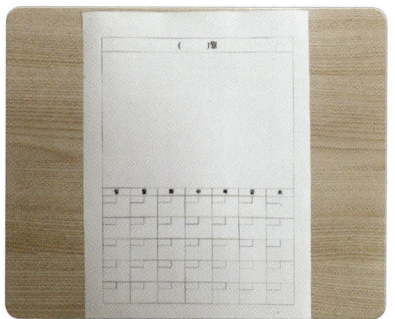

1 어른이 종이에 그림처럼 달력 틀을 만들어주세요.

2 아이가 직접 숫자를 1부터 순서대로 쓰도록 해요.

3 달력에 기념일을 함께 표시해요.

4 일주일이 며칠인지, 2일, 9일, 다음에 오는 날짜는 며칠일지 이야기를 나누어요.

5 월별로 어울리는 그림을 그려 달력을 완성!

▶ 달력을 완성하면 가장 먼저 기념일, 아이가 기다리는 특별한 날(키즈카페, 동물원가는 날 등)을 표시하여 아이가 달력과 친해지게 해요.

Upgrade 달력의 한 칸을 가리고 그 칸에 들어갈 숫자가 무엇일지 생각해보게 해요.

 놀이 내용을 확인해요
5월 1일이 화요일이라면 같은 해 5월 3일은 무슨 요일일까?

규칙성

22
쓱싹쓱싹 나만의 패턴 만들기

패턴에 대한 이해 중 가장 높은 단계가 바로 '패턴 만들기'예요. 집, 식당, 병원, 공원 등 우리 주변의 다양한 타일이나 보도블록을 관찰하면 도형의 패턴이 보여요. 이를 활용하여 직접 패턴을 만들어요.

- **선행 개념** 도형의 패턴 이해하기
- **목표 개념** 도형으로 패턴 만들기
- **준 비 물** 10칸 공책, 색연필, 사인펜

 선행 개념을 확인해요

다음 무늬는 어떻게 만들어졌을까? 설명해보자.

이렇게 놀아요

1 인터넷으로 다양한 타일과 보도블록 사진을 확인해요.

2 그중 하나를 그려보고, 타일의 무늬가 어떻게 생겼는지, 이를 어떤 패턴으로 구성했는지 이야기 나누어요.

3 10칸 공책을 칸별로 잘라서 자유롭게 타일 무늬를 그려요.

4 완성한 무늬들을 배열해서 패턴을 만들어요.

놀이를 더 재미있게 하는 팁

▶ 아이가 10칸 공책의 한 칸이 너무 작다고 할 때는 사각형 종이를 여러 장 준비해서 활용해요.

Upgrade 타일이나 블록마다 색깔이 다르거나 무늬가 대칭인 다양한 활용해요.

 놀이 내용을 확인해요

다음 무늬는 어떤 모양의 타일을 이용됐을까? 그 타일을 어떻게 배열하여 만들었을까?

143

규칙성

23
무릎 치고
손뼉 치고 짝짝!

이번에 소개하는 놀이는 아이가 음악이 나오면 정해진 율동을 하기 시작할 무렵에 할 수 있는 신체 활동이에요. 아이 스스로 동작 규칙을 만들고 음악에 맞추어 율동하는 '직접 패턴 만들기'에 속하는 놀이지요. 이 놀이는 패턴 예상하기보다 창의적인 놀이라고 볼 수 있어요.

- **선행 개념**   2개의 단순 반복 패턴
- **목표 개념**   패턴을 다른 형태로 변환하기
- **준 비 물**   종이, 필기구, 음악 재생 도구

선행 개념을 확인해요

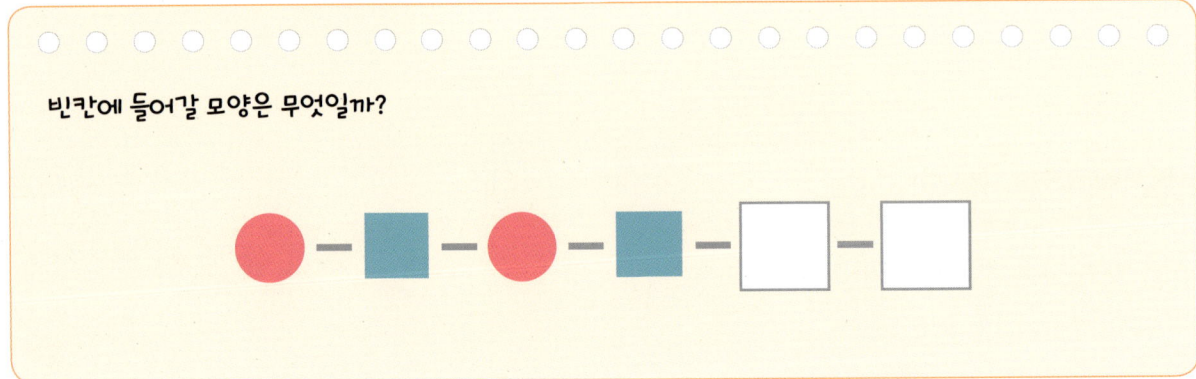

빈칸에 들어갈 모양은 무엇일까?

이렇게 놀아요

1. 아이가 좋아하는 노래를 틀어요.

2. 먼저 어른이 정한 규칙에 따라 음악에 맞추어 율동해요. 예를 들어, 무릎 2번, 손뼉 2번 등.

3. 이번에는 아이 스스로 직접 율동을 만들게 해요.

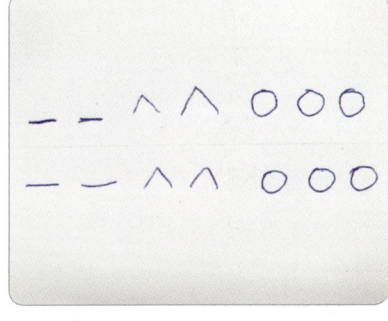

4. 음악에 맞추어 아이가 만든 율동을 해 보고, 종이에 이를 간단한 기호로 나타내요.

놀이를 더 재미있게 하는 팁

- 너무 길지 않은 4박자 노래가 적당해요. 예를 들어, 〈곰 3마리〉, 〈거미가 줄을 타고〉….
- 패턴이 복잡할수록 아이는 패턴을 인지하거나 기억하는 것을 어려워해요. 이때 '앞글자만 따서 리듬처럼 따라하기(빨노파파빨노파파)' 등 기억하는 방법을 가르쳐요.

놀이 내용을 확인해요

빈칸에 들어갈 동작은 무엇일까?

자료 정리

24
나는 일주일에 책을 몇 권 읽을까?

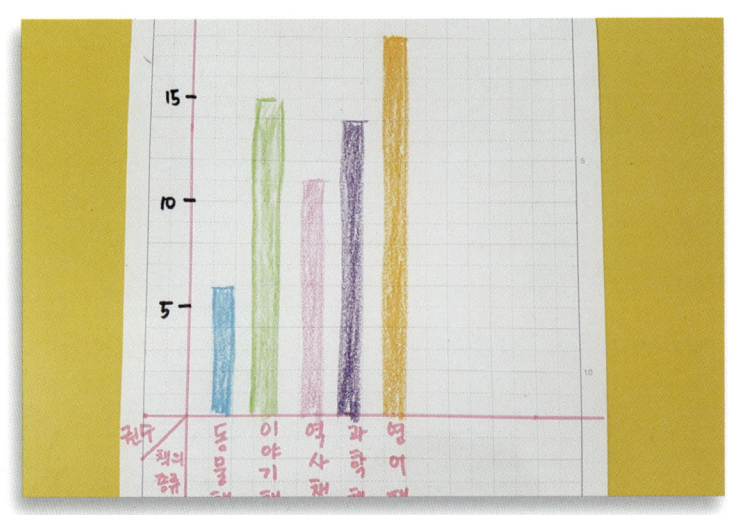

정보를 수집하고 분류하여 시각화하고 분석하는 능력은 매우 중요하지요. 유치원 같은 반 아이가 몇 명인지, 그중 차를 타고 등원하는 친구가 몇 명인지 등 아이는 생활 속에서 자연스럽게 이를 경험하고 있어요. 그런 경험을 더 체계화할 수 있는 놀이를 소개해요.

- 선행 개념 분류하기
- 목표 개념 자료 수집과 해석하기
- 준 비 물 종이, 색연필

 **선행 개념을 확인해요**

다음을 둘로 분류해보자.

이렇게 놀아요

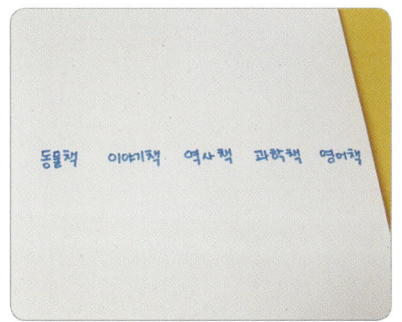

1 종이에 책의 종류를 분류하여 적어요.

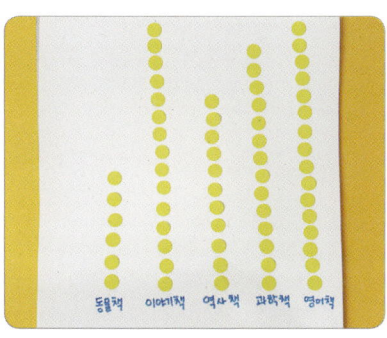

2 일주일 동안 책을 읽고, 책의 종류에 따라 분류하여 스티커를 붙여요.

3 일주일 동안의 기록을 보고 그래프를 만들어요. 가로축은 책의 종류, 세로축은 책의 권 수로 표기해요.

4 기자가 된 것처럼 아이가 그래프의 내용을 설명하는 시간을 가져요.

놀이를 더 재미있게 하는 팁

▶ 주제를 다양하게 설정해서 놀이를 해요. 누가 손을 몇 번 씻었는지, 아이의 장난감은 어떤 종류가 있는지 등 아이가 흥미를 보이는 주제를 선택해요.

 놀이 내용을 확인해요

다음 그래프는 소민이가 일주일 동안 읽은 책의 양이래.
소민이는 어떤 책을 얼만큼 읽었을까?
가장 많이 읽은 책의 종류는 무엇일까?

147

자료 정리

25
벤다이어그램 분류 놀이

'빨강 장난감'이 단순 분류라면, '빨갛고 커다란 장난감'은 복합 분류예요. 즉, 복합 분류는 한 번에 2가지 이상의 속성을 고려하는 거예요. 단순 분류보다 더 어려운 개념이지만 아이는 이미 일상에서 자기만의 방식으로 사용하고 있을 테니 놀이를 하며 확인해보세요.

- **선행 개념** 단순 분류 이해하기
- **목표 개념** 복합 분류 이해하기
- **준 비 물** 종이, 색연필, 다양한 모양의 도형(색종이로 직접 만들어도 됨)

선행 개념을 확인해요

다음 도형을 둘로 분류하자.

 **이렇게 놀아요**

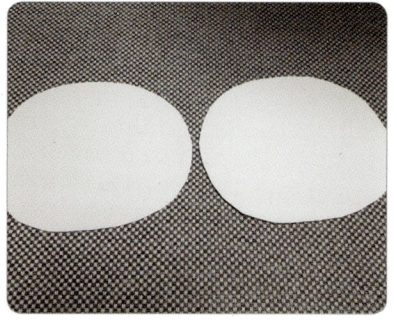

1. 도화지를 오려서 큰 동그라미를 2개 만들어요.

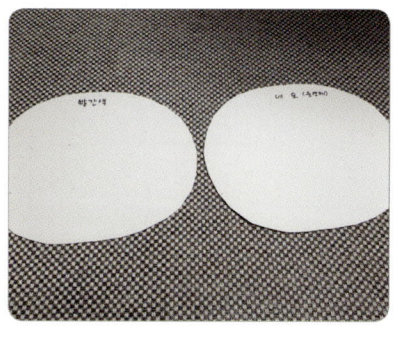

2. 동그라미 하나에 '빨강색'이라고 쓰고, 빨강색에 해당되는 물건을 놓아요.

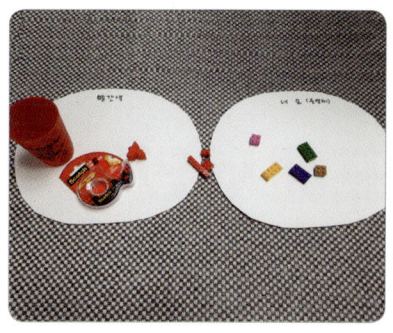

3. 또 다른 동그라미에 '네모'라고 쓰고, 네모에 해당되는 물건을 놓아요.

4. 2개의 동그라미를 겹친 다음, 가운데에 들어가는 물건을 찾아서 놓아요.

 **놀이를 더 재미있게 하는 팁**

▶ 동그라미 2개는 서로 다른 속성이어야 해요. 예를 들어, 두 동그라미 모두 '색깔'이라는 속성을 갖는다면, '빨강색, 파랑색'을 채운 다음에 가운데에 들어갈 물건을 찾기가 어려워요. 한 동그라미가 '색깔'이었다면, 다른 동그라미는 '모양'처럼 속성을 다르게 해요.

Upgrade 속성을 다양하게 적용해요. '빨강색 과일', '다리가 없는 포유류' 등으로요.

 놀이 내용을 확인해요

각각의 동그라미의 이름은 무엇일까?

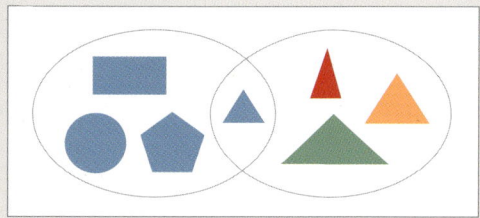

자료 정리

26
표에서 만난 노랑 하트, 파랑 동그라미

자료를 정리할 때 표의 속성을 이해하는 것은 기본이에요. 가로축과 세로축의 항목이 만나는 곳에는 두 축의 속성이 모두 있지요. 아이 방에 많이 걸려 있는 한글 자모판 역시 마찬가지예요. 이제부터 이를 활용하여 놀면서 표에 대해 알아보아요!

- 선행 개념   자료 수집과 분류하기
- 목표 개념   자료 조직과 이해하기
- 준 비 물   10칸 공책, 색연필

선행 개념을 확인해요

다음 도형을 둘로 분류해보자.

이렇게 놀아요

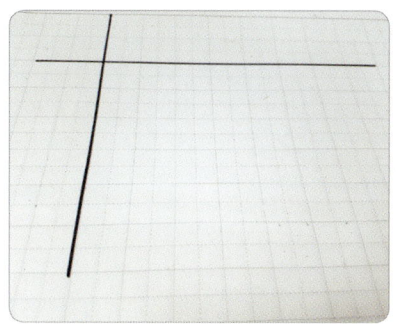

1 10칸 공책에 사진처럼 선을 그어 영역을 나누어요.

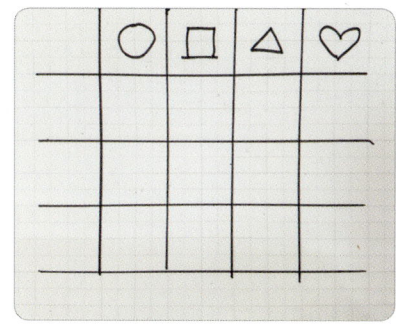

2 가로축에는 그릴 수 있는 만큼 다양한 모양을 그려요.

3 세로축에는 다양한 색을 설정해요.

4 가로축과 세로축이 만나는 지점에 해당 속성의 도형을 그려요.

놀이를 더 재미있게 하는 팁

- 도형은 아이가 그릴 수 있는 것 위주로 설정해요. 처음에는 가로, 세로의 칸 수를 3칸에서 시작하다가 익숙해지면 더 늘려요.
- 하나의 세로축을 정한 뒤, 축에 있는 도형의 공통점에 대해 이야기해요. 그다음에는 가로축을 두고 이야기해요. 예를 들어, "이 줄은 모두 하트야", "이 줄은 모두 노랑색이야" 등처럼요.

놀이 내용을 확인해요

다음 표의 초록 네모 안에 알맞은 도형은 무엇일까?

자료 정리

27
내 손에서 탄생한 노노그램

퍼즐의 일종인 노노그램은 확률과 가능성에 대한 이해가 선행되어야 놀이가 가능해요. 게다가 아이가 직접 만들어볼 수도 있어요. 직접 만드는 활동은 아이의 흥미를 유발시킬 뿐만 아니라 창의력까지 길러주어요.

- **선행 개념**   자료 해석하기
- **목표 개념**   자료 해석과 확률적 판단하기
- **준 비 물**   10칸 공책, 색연필

선행 개념을 확인해요

우리 반 친구들이 가장 좋아하는 과일은 무엇일까?
또 수박을 좋아하는 친구는 몇 명일까?

과일 종류	🍊	🍓	🍉	🍇
친구 수	3	7	5	4

152

이렇게 놀아요

1. 10칸 공책을 5*5로 오려서 그림을 그려요.

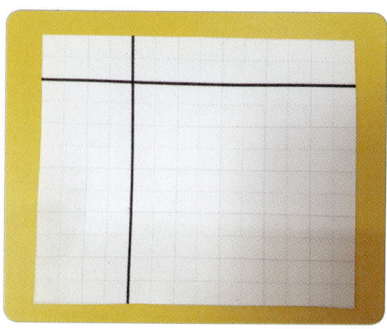

2. 또 다른 공책에 그림처럼 선을 그어 영역을 나눠요.

3. 1번의 그림에서 색칠된 칸 수를 세어 가로축과 세로축에 써요.

4. 칸 수를 적은 메모를 다른 사람에게 보여주고 원래 그림을 유추하게 해요.

 **놀이를 더 재미있게 하는 팁**

▶ 처음에는 단순한 L자 형태, I자 형태부터 놀이를 진행해요.

Upgrade 칸 수를 좀 더 늘려요.

 놀이 내용을 확인해요

다음 노노그램 퍼즐을 풀어보자. 어떤 모양이 나올까?

	0	1 1	1 1	5	0
3					
1					
3					
1					
3					

3장

야외에서 더 신나게 놀아요

익숙한 공간을 벗어난 외부 환경은 아이가 수학을 적용하여 자연과 물리적인 세계를 이해하는 커다란 실험실이 될 수 있어요. 예를 들어, 자연물을 분류하고 무게를 측정하는 식으로요. 그러면서 아이는 자연스럽게 수학적 개념을 형성해나가요. 이렇듯 학습하는 수학적 개념이 일상과 연결되면 아이는 수학적 유용성을 인식하게 되니, 부모님들께서는 야외에 아이와 나갔을 때 수학적 경험이 많이 일어나도록 도와주세요. 다만 장소의 특성상 아이가 높은 집중력을 발휘하기 힘들기 때문에 새로운 개념을 알려주기보다는 이미 알고 있는 개념을 적용하는 활동을 주로 하는 것을 추천해요.

수와 연산 | 자동차

01
번호판으로 숫자 놀이를 해요

가족 여행을 하다 보면 정체 때문에 오랜 시간 차 안에 있어야 할 때가 있어요. 이렇게 지루해지는 순간, 주위를 둘러보세요. 다른 차량의 번호판에서 많은 수를 접할 수 있어요. 이를 활용하여 다양한 놀이가 가능하니 이동 시간을 신나게 보내요.

- **선행 개념**   10까지의 수 읽기, 10까지의 수 모으기, 여러 수의 합 알기
- **목표 개념**   10까지의 수 읽기, 10까지의 수 모으기, 여러 수의 합 알기
- **준 비 물**   지나가는 차량의 번호판

선행 개념을 확인해요

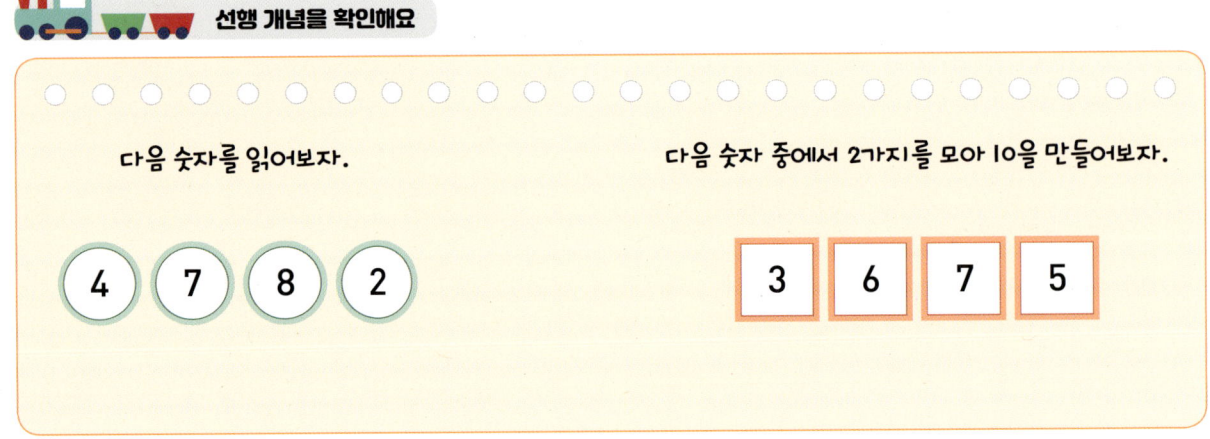

다음 숫자를 읽어보자.

④ ⑦ ⑧ ②

다음 숫자 중에서 2가지를 모아 10을 만들어보자.

3 6 7 5

 **이렇게 놀아요**

1. 차량 번호판을 읽으며 수 읽는 연습을 해요.

2. 10이 되는 짝꿍수가 포함된 번호판을 찾아요. '3274'의 경우, 3과 7이 만나 10이 되지요.

3. 수 3개를 합쳐 10이 되는 수가 포함된 번호판을 찾아요. '1274'의 경우, 1, 2, 7이 만나 10이 되지요.

4. 번호판의 수 4개를 모두 더해요. 그 합이 가장 큰 번호판을 찾아요.

▶ 긍정적인 피드백과 게임 요소(먼저 찾기, 큰 것 찾기, 작은 것 찾기 등)를 적절히 섞어 아이가 스스로 놀이에 참여하도록 유도해요! 그래야 아이의 흥미를 유지시킬 수 있어요. 자칫 차만 타면 하기 싫은 암산을 해야 한다고 여기게 되어 오히려 수학에 대한 흥미를 잃어버릴지 모르니 주의가 필요해요.

 놀이 내용을 확인해요

다음 숫자 중에서 2가지를 모아 10을 만들어보자.

다음 숫자 중에서 3가지를 모아 10을 만들어보자.

수와 연산 | 식당

02
숟가락, 젓가락을 식구 수대로 놓자

수 연산에서 일대일 대응을 이해하는 것은 기본이지요. 가족이 외식을 갔을 때 '한 사람당 하나' 나아가 '한 사람당 2개' 등 배분이 필요한 놀이를 하며 음식이 나오기까지 기다리는 시간을 알차게 보내요.

- **선행 개념**   10까지의 수 세기, 띄어 세기
- **목표 개념**   10까지의 수 세기, 띄어 세기
- **준 비 물**   숟가락, 젓가락

 **선행 개념을 확인해요**

- 1부터 10까지의 수를 천천히 세어보자. 사람이 3명 있다면, 사람의 입은 몇 개 있을까?
- 1부터 10까지의 수를 2씩 띄어서 세어보자. 빈칸에 들어갈 수는 무엇일까?

158

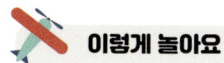 **이렇게 놀아요**

1 한자리에서 같이 식사하는 모든 사람의 수를 세어요.

2 한 사람에게 숟가락은 몇 개씩 필요할지, 그렇다면 그 자리에 숟가락이 총 몇 개 필요할지 이야기해요.

3 한 사람에게 젓가락은 몇 개씩 필요할지, 그렇다면 그 자리에 젓가락이 총 몇 개 필요할지 이야기해요.

4 맛있게 식사하면서 사람당 배분하는 놀이를 이어가요.

 **놀이를 더 재미있게 하는 팁**

▶ 더 많은 사람이 있다고 가정하고, 아이에게 필요한 숟가락과 젓가락의 개수를 생각하게 해요. 특히 "사람이 10명이면 젓가락이 몇 개 필요하지?"라고 질문하고 나서 "1명일 때는 몇 개 필요하지? 2명일 때는?" 하고 단서를 주며 2씩 띄어 세도록 유도해요.

 놀이 내용을 확인해요

오리가 3마리 있어. 오리 다리는 총 몇 개 있을까?　　거북이가 3마리 있어. 거북이 다리는 총 몇 개 있을까?

159

수와 연산 | 놀이공원

03
그것은 우리 주변에 몇 개 있을까?

놀이공원의 기구 앞에서 줄을 서서 오랜 시간 동안 차례를 기다릴 때 아이와 할 수 있는 놀이를 소개해요. 주변을 꼼꼼히 관찰하고 수를 세는 데 의의가 있는 활동으로, 가족이 함께 차를 타고 이동하던 중에 길이 막혀 지루하고 답답할 때도 추천해요.

- **선행 개념**   10까지의 수 세기
- **목표 개념**   10까지의 수 세기
- **준 비 물**   주변 사물

 선행 개념을 확인해요

다음 중에서 세모의 개수는 몇 개일까?

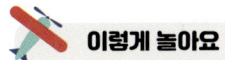 **이렇게 놀아요**

1 주변을 살펴본 다음에 마음속으로 놀이 기구 하나를 정해요.

2 그 놀이 기구와 관련된 사물이나 사람의 개수를 센 다음, 다른 사람에게 말해요.

3 다른 사람은 주변을 살펴서 해당하는 놀이 기구가 무엇인지 알아내요.

4 이번에는 답을 알아맞혔던 사람이 문제를 내요.

 놀이를 더 재미있게 하는 팁

▶ 공원에 나무가 몇 그루인지 알아본 다음에 어른이 "침엽수가 몇 그루일까?" 질문해요. 또한 길에 교통안전 표지판이 몇 개인지 알아본 다음에 어른이 "동그란 모양의 교통안전 표지판이 몇 개일까?" 질문해요. 이렇게 포함 관계를 함께 이야기하면 놀이가 더 흥미로워져요.

놀이 내용을 확인해요
동물원에 3마리가 있는 동물은 무엇일까?

수와 연산 | 키즈 카페

04
사물함에서 내 물건을 찾아라!

이번에는 10까지의 수에 익숙해진 아이가 두 자릿수 읽는 연습을 할 때쯤 할 만한 놀이로, 두 자릿수가 다양한 곳에서 쓰인다는 사실을 알게 해주어요. 이 놀이는 키즈 카페는 물론 도서관, 수영장 등 개인 물품을 넣어두는 사물함이 있는 장소라면 어디에서든 할 수 있어요.

- 선행 개념 100까지의 수 세기
- 목표 개념 100까지의 수 읽기
- 준 비 물 규칙성이 있는 사물함

 선행 개념을 확인해요

다음 네모 안의 숫자와 같은 수를 찾아보자.

57

41 42 43 44 45 46 47 48 49 50
51 52 53 54 55 56 57 58 59 60

162

이렇게 놀아요

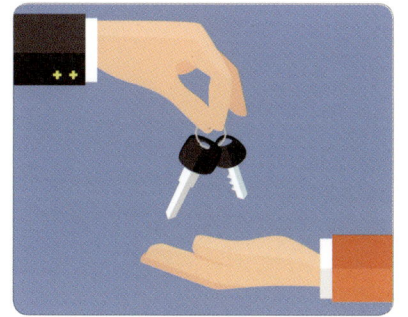

1. 내 물건을 보관할 사물함의 열쇠를 받아서 번호를 확인해요.

2. 사물함에 가서 열쇠와 같은 번호를 찾아요.

3. 개인 물품을 잘 보관하고 나서 주변 숫자들을 읽어요.

4. 사물함의 숫자 배열에서 규칙성을 찾아요.

놀이를 더 재미있게 하는 팁

▶ 아이의 발달 단계를 고려하여 활동을 다르게 해요. 3~4세 무렵에는 열쇠 번호와 똑같은 숫자 찾기, 4~5세 무렵에는 두 자릿수 숫자 읽기, 5~6세 이후에는 사물함 숫자 배열의 규칙성 찾기가 가능해요.

놀이 내용을 확인해요

빈칸에 들어갈 숫자는 무엇일까?

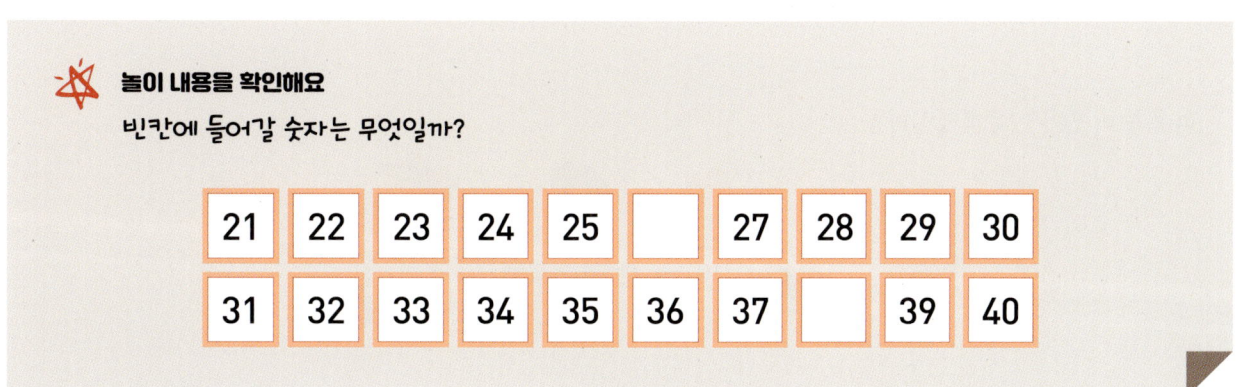

수와 연산 | 공원

05
솔방울과 돌멩이로 그림 그리기

말로 수 세기가 가능해지면 아이는 물체에 수 단어를 부여하여 세기 시작해요. 사실 물체 세기는 수를 외우고 단어와 사물을 대응하는 이중 과제여서 아이에게 어려울 수 있어요. 그러니 이왕이면 공원에 갔을 때 자연도 탐색하고 신체까지 움직이면서 재미있게 수를 세보아요.

- **선행 개념**   10까지의 수 세기
- **목표 개념**   10까지의 물체 세기
- **준 비 물**   자연물(솔방울, 도토리, 돌멩이, 나뭇가지 등)

 **선행 개념을 확인해요**

다음 중 더 많은 것은 무엇일까?

이렇게 놀아요

1 주변의 자연물을 10개씩 모아요.

2 자연물을 여러 방법으로 배열해요.

3 이를 활용해 그림을 그려요.

놀이를 더 재미있게 하는 팁

▶ 놀이할 때 어른이 "10개가 되려면 몇 개 더 필요할까?"라고 질문을 던져서 아이의 흥미를 돋워요.
▶ 놀이에 참여하는 아이가 여럿이라면 "누가 10개를 빨리 모을까?", "누가 더 많이 모을까?"라는 질문을 어른이 하면 다들 더 적극적으로 참여할 거예요.

놀이 내용을 확인해요

동그라미가 10개가 되도록 빈칸을 채우자.

수와 연산 | 공원

06
손가락 더하기 게임

5까지의 수를 더하고 빼는 경험을 자유롭게 해볼 수 있는 데다가 별다른 준비물도 필요하지 않아서 어디서든 쉽게 참여 가능한 놀이예요. 공원에서도 참여하기 좋고, 대중교통을 이용하여 가족이 이동할 때 이렇게 놀면 아이가 지루할 틈이 없어요.

- **선행 개념**   5까지의 수 세기
- **목표 개념**   5까지의 수 가르기와 모으기
- **준 비 물**   없음

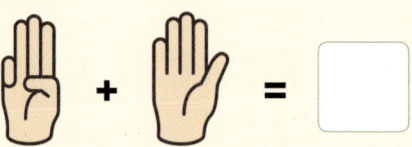 선행 개념을 확인해요

다음 그림이 나타내는 수는 무엇일까?

✋ + ✋ = ☐

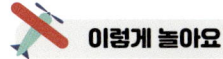 **이렇게 놀아요**

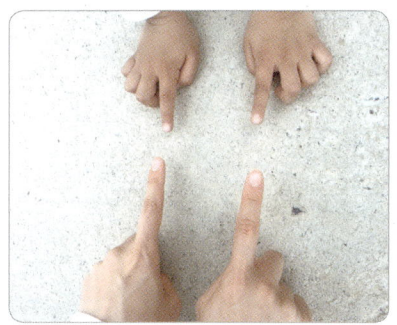

1 두 사람이 마주보고 양쪽 모두 양손의 검지를 펴요.

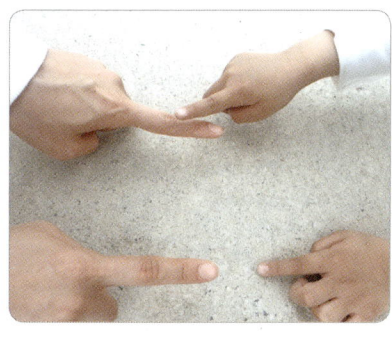

2 한 사람이 한쪽 손의 검지로 상대방 한쪽 손의 검지를 쳐요. 접촉한 손의 손가락 수는 '(상대방 손가락 수)+(원래 자신의 손가락 수)'로 바뀌어요.

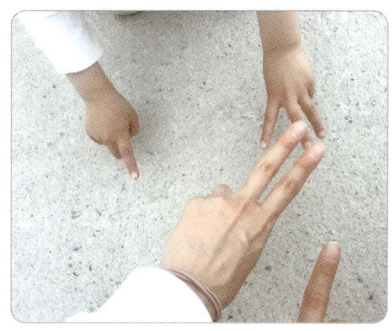

3 이번에는 상대방이 내 손을 쳐요.

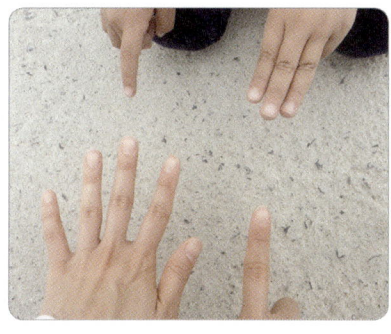

4 어느 한쪽의 손가락이 5개가 되면 그 손의 게임은 끝! 양쪽 손이 게임이 끝나면 패배!

 ▶ 승리하기 위해서는 전략이 필요해요. 나의 오른손으로 상대방 왼손을 쳤을 때, 반대로 상대방 오른손을 쳤을 때 결과가 완전히 달라질 수 있다는 점을 아이에게 이야기해주세요.

 놀이 내용을 확인해요
빈칸에 들어갈 손의 모양은 무엇일까?

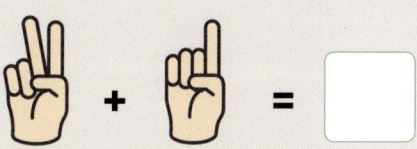

| 수와 연산 | 자동차 |

07
업 앤드 다운
Up and Down

수의 순서와 그 양감을 익히고 나면, 아이는 수의 순서와 관련된 단서를 통해 하나의 수를 유추해내요. 이런 수준에 도달한 아이와 할 수 있는 놀이를 소개해요. 소리를 외치는 동작이 포함된 놀이인 만큼 우리 집 자동차를 타고 외출할 때 하는 게 가장 좋아요.

- 선행 개념   100까지의 수 세기
- 목표 개념   100까지의 수 읽기
- 준 비 물   없음

 선행 개념을 확인해요

다음에서 설명하는 수는 무엇일까?

- 5보다 크고 7보다 작은 수
- 8보다 크고 10보다 작은 수

5 < ☐ < 7   8 < ☐ < 10

이렇게 놀아요

1 술래는 정해진 범위에 있는 수를 머릿속으로 생각해요. 예를 들어, 1~10, 1~100 등.

2 술래가 아닌 사람이 하나의 수를 이야기해요.

3 술래는 자신이 생각한 수가 상대방이 부른 수보다 작으면 "다운", 크면 "업"이라고 말해요.

4 술래가 아닌 사람은 해당 단서를 통해 수의 범위를 좁혀요.

5 말을 주고받다가 술래가 생각한 수를 맞히면 게임 종료!

놀이를 더 재미있게 하는 팁

▶ 아이의 성향에 따라서 '더 적은 횟수 만에 맞히기' 등의 놀이도 할 수 있어요.
▶ "5"를 외쳤을 때 "업"이라는 단서가 나왔다면, '6~10' 사이의 수를 정답으로 보아야 한다는 점을 아이가 터득하도록 도와요.

놀이 내용을 확인해요

토리가 설명하는 수는 무엇일까?

15보다 커요. 19보다는 작고요.
홀수예요. 참고로 홀수는 1, 3, 5, 7, 9로 끝나는 수예요.

15 < ☐ < 19

수와 연산 | 자동차

08
숫자 20을 피해라!

원래 이 놀이는 아이스크림 브랜드 게임으로 잘 알려져 있지요. 하지만 31이 어떤 아이에게는 너무 큰 수일 수 있어요. 만일 아이가 31까지 세는 것을 어려워하면 20까지만 수를 세고, 20을 말하는 사람이 지는 걸로 규칙을 수정해요.

- 선행 개념　20까지의 수 세기
- 목표 개념　20까지의 수 읽기
- 준 비 물　없음

선행 개념을 확인해요

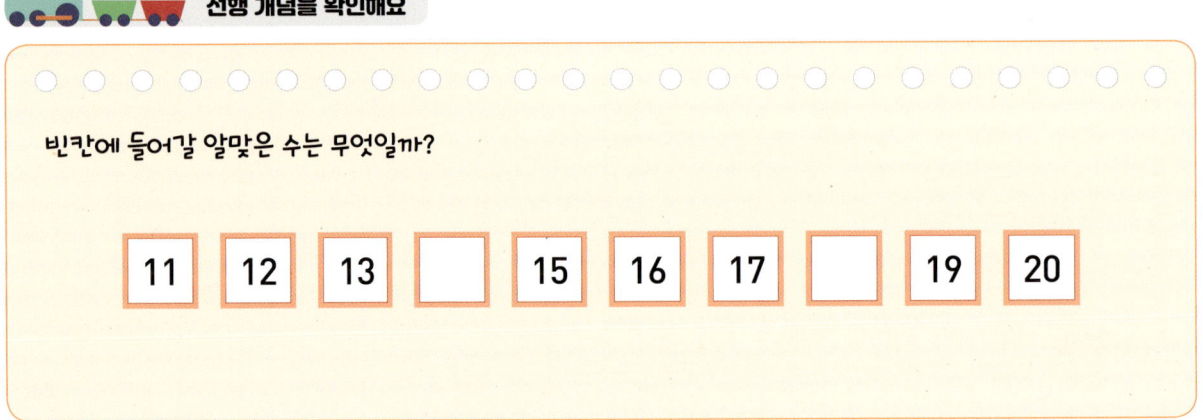

빈칸에 들어갈 알맞은 수는 무엇일까?

| 11 | 12 | 13 | | 15 | 16 | 17 | | 19 | 20 |

이렇게 놀아요

1 첫 번째 사람이 수를 1~2가지 말해요.

2 두 번째 사람은 앞사람이 마지막으로 이야기한 다음 수부터 수를 1~2가지 말해요.

3 번갈아 수를 말하다가 20을 말하는 사람이 패배!

놀이를 더 재미있게 하는 팁

▶ 수를 말하면 패배하는 목표 숫자를 20, 31, 50 등 자유롭게 정해요.
▶ 숫자를 1~2개 말하고, 20을 말하면 지는 규칙을 정했을 때, 19에서 3의 배수만큼 뺀 수를 말하는 사람이 이기게 돼요. 즉, 19, 16, 13….
▶ 숫자를 1~3개를 말하고, 31을 말하면 지는 규칙을 정했을 때, 30에서 4의 배수만큼 뺀 수를 말하는 사람이 이기게 돼요. 즉, 30, 26, 22….

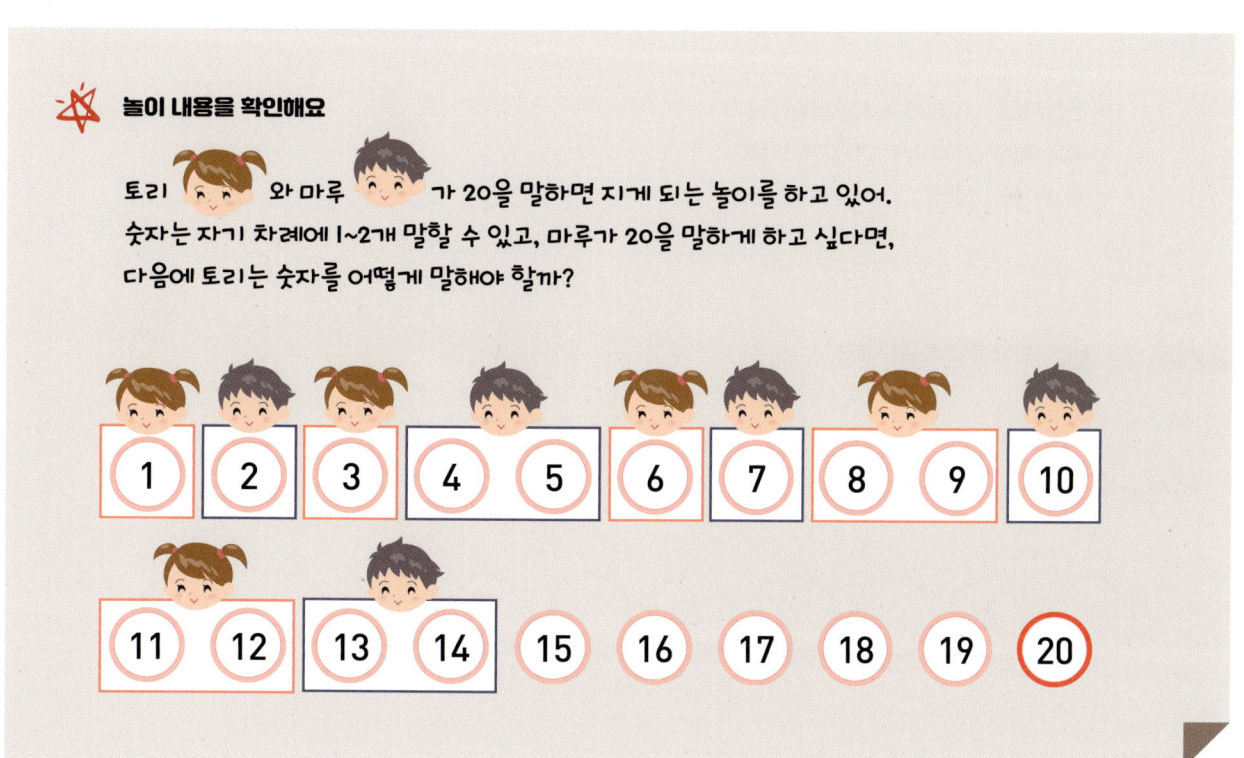

수와 연산 | 자동차

09
1, 2, 3, 뽀숑!

뽀숑 게임은 별다른 준비물 없이도 아이가 다양한 방법으로 사고하게 해주는 놀이예요. 부모님께서도 어릴 적 한번쯤 접해봤을 만큼 흔한 놀이지만, 배수의 개념을 자연스럽게 익히게 해주는 의미 있는 활동이지요.

- **선행 개념** 3의 배수, 10의 배수 알기
- **목표 개념** 3의 배수, 10의 배수 알기
- **준 비 물** 없음

선행 개념을 확인해요

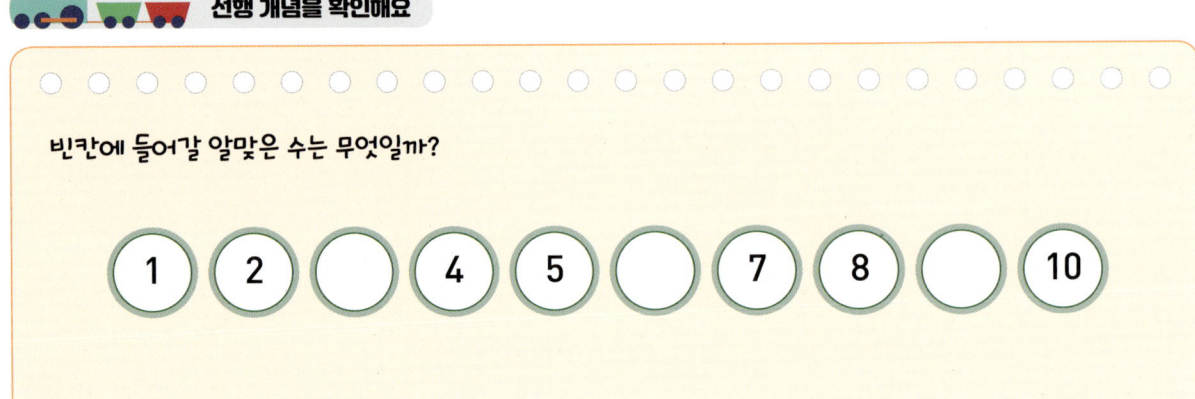

빈칸에 들어갈 알맞은 수는 무엇일까?

1 2 ○ 4 5 ○ 7 8 ○ 10

이렇게 놀아요

1 참여하는 사람들이 돌아가며 1부터 수를 하나씩 번갈아가며 말해요.

2 3의 배수에서는 수를 말하는 대신 박수를 쳐요.

3 10의 배수에서는 수를 말하는 대신 "뽀송" 하고 외치며 만세해요!

4 자신의 차례에 수를 잘못 부르거나 만세를 하면 패배!

놀이를 더 재미있게 하는 팁

▶ 박자에 맞춰 수를 부르는 것이 아이에게는 아직 어려울 수 있어요. 처음에는 박자 없이 그냥 진행해요.
▶ 3씩 뛰어 세기 전에 2씩 뛰어 세기, 5씩 뛰어 세기 등 난이도가 낮은 수로 먼저 연습해요.
▶ 놀이를 하기 전에 종이에 1~30의 수를 쓰고, 3의 배수, 10의 배수에 표시를 해요.

놀이 내용을 확인해요

다음 수 중에서 박수를 쳐야 하는 수와, "뽀송"을 외쳐야 하는 수를 찾아보자.

공간과 도형 | 동네

10
보도블록 코딩 놀이

이 시기 코딩 교육에서 중요하게 다루는 사고 중 하나는 '순차적 사고'예요. '앞으로 몇 발', '옆으로 몇 칸 점프' 등의 미션을 대상이 순차적으로 수행하도록 알고리즘을 짜는 거지요. 이를 간단한 놀이로 경험해보아요.

- **선행 개념**   위치를 나타내는 단어 이해하기
- **목표 개념**   순차적 사고하기
- **준 비 물**   자연물(솔방울, 돌, 나뭇가지) 또는 바닥에 두어도 되는 아이 소지품

 **선행 개념을 확인해요**

다음 그림에서 학교까지 가는 방법을 모두 찾아 손으로 표시해보자.

이렇게 놀아요

1 사각형 모양 보도블록 위에 물건들을 올려요.

2 한 사람이 미션을 정해요. "나뭇가지 줍고 신발 신기." 출발점을 정하고 미션을 완수하는 길을 생각해요.

3 다른 사람이 말이 되어 움직여요. 미션을 정한 사람이 길을 설명해요. "오른쪽으로 ○칸, 앞으로 ○칸 가서 나뭇가지를 주워요" 하는 식으로요.

4 미션을 제대로 완수하면 성공!

놀이를 더 재미있게 하는 팁

▶ 아이가 칸 수나 방향을 잘못 말했다고 어른이 옆에서 즉각 수정해주는 것은 바람직하지 않아요. 차라리 조금 돌아가거나 다른 방향으로 가더라도, 길을 아이가 찾도록 해요.

▶ 놀이에 익숙해지면 초를 재거나 시간을 제한하는 등의 규칙을 더해요. 그러다 보면 최단거리의 개념과 그 유용함을 서서히 알게 돼요.

놀이 내용을 확인해요

쥐가 치즈를 먹고 집으로 가려고 한대. 가장 빠른 길로 가려면 어떤 방향으로 몇 칸씩 이동해야 할까?

공간과 도형 | 동네

11
우리 동네는 어떻게 생겼을까?

사실 아이의 세상은 어른의 생각보다 훨씬 넓어요. 아이가 매일 마주하는 우리 집 주변을 종이 위에 표현해보아요. 방향 감각을 길러주고 아이가 세상을 보다 체계적으로 인식할 수 있게 할 거예요.

- **선행 개념**   위치와 방향을 나타내는 단어 이해하기
- **목표 개념**   위치와 방향을 나타내는 단어 이해하기
- **준 비 물**   종이, 필기구

 선행 개념을 확인해요

다음은 토리네 동네 지도야. 토리가 학교에서 출발해서 도서관에 갔다가 마트에 들러 집으로 가는 길을 손으로 짚어보자.

이렇게 놀아요

1 집 앞에서 주변을 관찰해요.

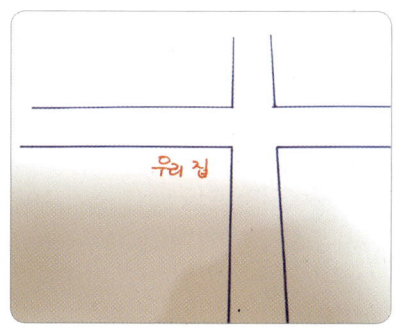

2 집 근처를 지나는 가장 큰 길을 종이에 그려요.

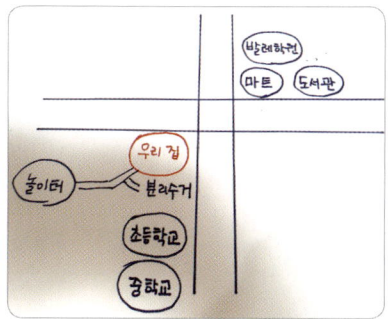

3 그 길 주변의 눈에 띄는 주요 건물을 표시해요.

4 길을 직접 걸으며 제대로 지도를 그렸는지 확인해요.

▶ 이 지도 놀이는 아이가 나이를 먹을수록, 발단 단계가 높아질수록 더 넓은 지역을 대상으로 할 수 있어요. 또한 방위를 이해하게 되면 이에 대해서도 아이와 이야기를 나누어요.

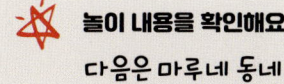

놀이 내용을 확인해요

다음은 마루네 동네 지도야.
우체국과 경찰서 중 마루네 집에서
더 가까운 곳은 어디일까?

측정　공원

12
멀리멀리 날아라, 신발아!

사람이 적은 넓은 공원이나 동네 공터에서 할 만한 색다른 놀이를 추천해요. 아이가 비슷한 놀이에 지루해할 때쯤 이 놀이를 하면 좋아요. 거리를 직접 비교하거나 발걸음을 이용하여 비교하는 활동이에요.

- **선행 개념**　거리 비교하기
- **목표 개념**　거리 비교하기(직접 비교와 간접 비교)
- **준 비 물**　신발

 선행 개념을 확인해요

다음 중 가장 긴 막대는 무슨 색깔일까?

이렇게 놀아요

1 선에 나란히 서서 신발을 반쯤 벗고 준비해요.

2 신발을 발로 차서 멀리 날려요.

3 시작점에서 어떤 신발이 더 멀리 갔는지 눈으로 확인해요.

4 시작점부터 신발이 떨어진 위치까지 걸음 수를 세어요.

▶ 한쪽 신발을 멀리 차고, 한쪽 신발만 신고 찬 신발을 주우러 가는 과정이 놀이 중에 있다는 점을 유의해요. 사람이 있는 곳, 경사가 진 곳, 맨발로 다니기에 위험한 곳은 피해요.

 놀이 내용을 확인해요

우리 집에서 토끼집까지는 50걸음, 개집까지는 45걸음이 떨어져 있어.
우리 집에서 누구 집이 더 가까울까?

측정 | 놀이터

13
어떤 컵이 가장 클까?

이 시기의 아이는 모양이 다른 물체의 부피를 비교하는 것을 어려워해요. 폭, 높이 등 다양한 변인을 동시에 고려하기 어렵기 때문이지요. 다양한 모양의 통으로 모래 놀이를 하며 아이의 시각을 넓혀주세요.

- 선행 개념   크기 비교하기
- 목표 개념   입체 도형의 부피 비교하기
- 준 비 물   종이, 필기구, 다양한 모양의 통, 종이컵

선행 개념을 확인해요

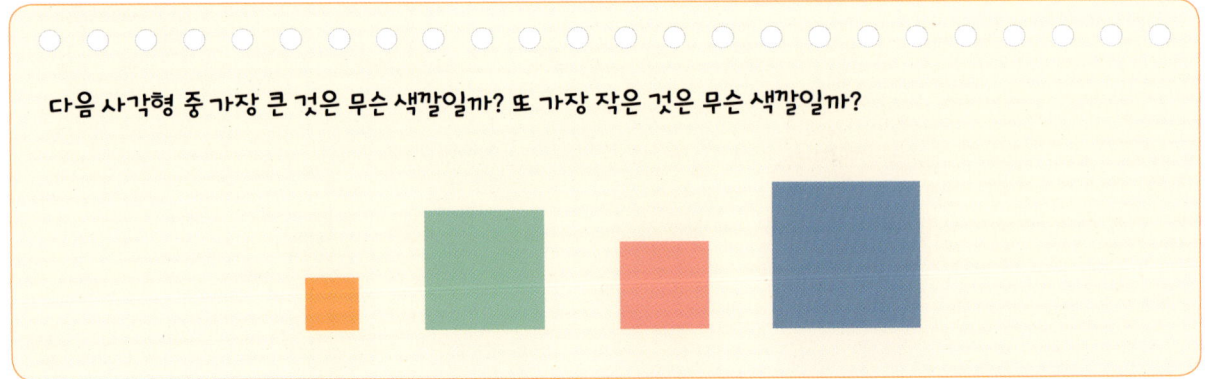

다음 사각형 중 가장 큰 것은 무슨 색깔일까? 또 가장 작은 것은 무슨 색깔일까?

이렇게 놀아요

1. 다양한 모양의 컵을 관찰하고 나서 가장 클 것 같은 컵부터 순서대로 줄을 세워요.

2. 각각의 컵에 모래를 담아요.

3. 각각의 컵에 종이컵으로 모래가 몇 번 들어갔는지 종이에 표시해요.

4. 다시 한번 컵의 부피에 따라 큰 것부터 정렬해요.

놀이를 더 재미있게 하는 팁

- 부피를 이해하지 못하는 아이와 놀이할 때에는 '부피' 대신에 '크기'라는 개념을 사용하세요. 예를 들어, "무엇이 가장 클까?"라고 이야기해요.
- '높이', '밑면의 넓이' 등 한 가지 속성만 고려하여 줄 세웠을 때와, 실제 종이컵을 이용하여 들어가는 모래의 양을 고려하여 줄 세웠을 때의 차이점을 이야기해요.

 놀이 내용을 확인해요

다음과 같은 큰 통을 흙으로 채울 때, 흙을 노랑 컵으로는 3번, 파랑 컵으로는 6번, 빨강 컵으로는 4번을 가득 담아 옮겨야 한다. 컵 중에서 가장 큰 컵의 색깔은 무엇일까?

측정 | 동네

14
오늘 하루 그림자의 길이 재기

아이가 태양, 그림자 등에 대해 관심을 갖기 시작할 무렵에 할 수 있는 수과학 융합 놀이를 소개해요. 그림자의 방향과 길이로 태양의 위치를 생각해보는 활동이에요. 오랜 시간 동안 관찰하는 것이 쉽지는 않지만 자연의 변화를 눈으로 확인하면 아이가 정말 신기해하지요.

- **선행 개념**   길이 재기, 길이 비교하기
- **목표 개념**   길이 재기, 길이 비교하기
- **준 비 물**   두꺼운 종이, 연필, 압핀, 수수깡, 자, 손전등

선행 개념을 확인해요

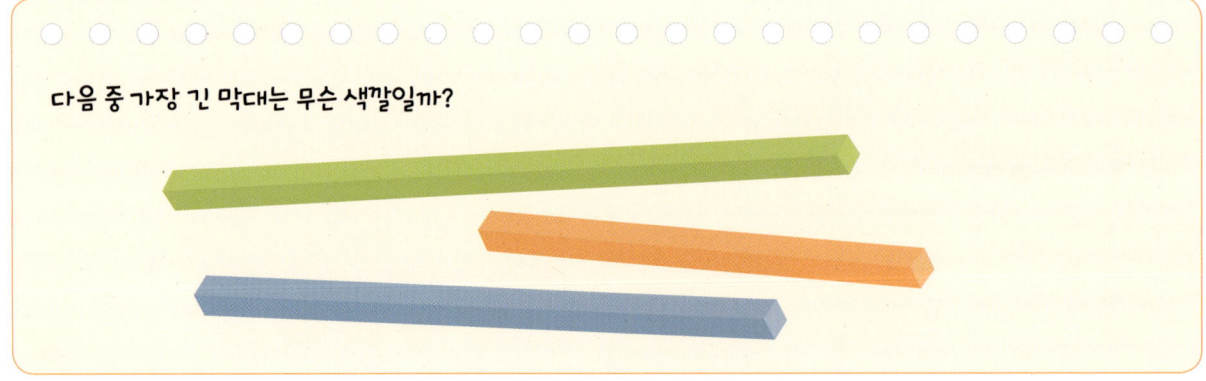

다음 중 가장 긴 막대는 무슨 색깔일까?

 **이렇게 놀아요**

1 두꺼운 종이에 글루건 등을 이용하여 수수깡을 세워주세요.

2 오전 9시경부터 해가 지기 전까지 2시간 간격으로 같은 장소에서 수수깡 그림자의 길이를 재요.

3 계속해서 그림자의 길이와 방향을 관찰해요.

4 하루 동안 해가 움직이는 방향과 그림자의 방향, 그림자의 길이에 대해 같이 이야기를 나누어요.

 놀이를 더 재미있게 하는 팁

▶ 수수깡 그림자의 길이를 여러 번 잴 때에는 항상 같은 장소에서 재야 해요.
▶ 글루건이 없다면 압핀을 이용하여 수수깡을 바닥에 세워요.

 놀이 내용을 확인해요

그림자가 다음 방향으로 생겼을 때 태양의 위치는 어디일까?

자료 정리 | 놀이터

15
돌을 끼리끼리 나누어요

애매한 속성을 정확한 규칙으로 분류하는 경험은 아이가 분류를 잘 이해하도록 해주어요. 우리 주변의 흔한 자연물로 아이에게 단순 분류부터 벤다이어그램을 이용한 복합 분류까지 다양한 경험을 하게 해보아요.

- **선행 개념**   단순 분류하기
- **목표 개념**   단순 분류하기, 복합 분류하기
- **준 비 물**   종이, 필기구, 다양한 모양의 돌

 선행 개념을 확인해요

다음을 둘로 분류해보자.

이렇게 놀아요

1 주변에서 다양한 모양의 돌을 모아요.

2 하나의 기준을 정해서 돌을 둘로 분류해요.

3 또 다른 기준을 정해서 돌을 둘로 분류해요.

4 2, 3번을 종합하여 종이에 벤다이어그램을 만들어요.

놀이를 더 재미있게 하는 팁

▶ 벤다이어그램을 만들 때, 2개 원의 속성이 같으면 교집합 기준이 애매해져요. 예를 들어, '큰 것', '작은 것'이라는 속성은 교집합이 애매해요. 그러니 두 개의 원을 다른 속성으로 설정해요. 예를 들어, '큰 것', '흰 색'이라는 속성은 교집합이 '크고 흰색인 것'으로 분명하지요.

놀이 내용을 확인해요

마루가 주운 나뭇잎을 다음처럼 나누었어. 원이 겹치는 가운데 들어갈 나뭇잎은 무엇일까?

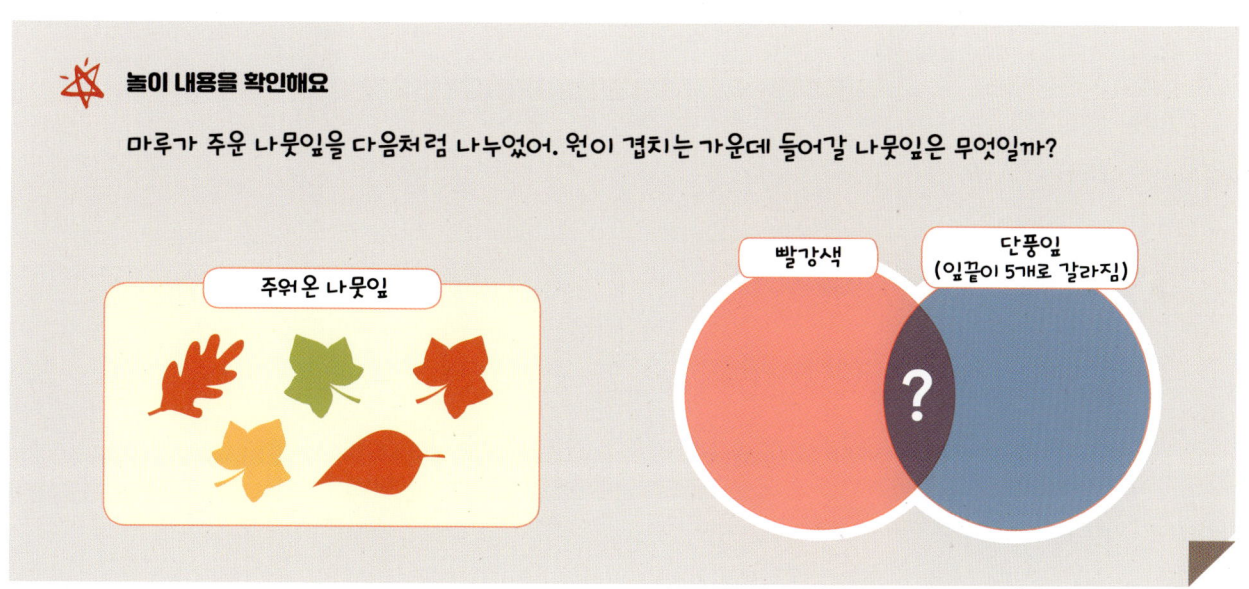

185

4장

보드게임과
교구로 만나는
수학놀이

이번 장에서는 아이부터 어른까지 모두가 좋아하는 보드게임을 소개해요. 보드게임은 학습 요소에 '운'과 '전략'이라는 게임 요소가 결합된 놀이로, 몰입도를 높이고 다양한 수 공간 개념들을 자연스레 체득할 수 있기 때문에 학교 수업에서도 자주 활용되고 있어요. 뿐만 아니라 규칙과 순서가 있어서 문제해결력과 인내심을 길러주고 전략을 세우는 방법도 알려주지요. 그리고 승패를 경험하는 과정에서 아이의 승부욕과 성취감을 자극하기도 하고 한편으로는 놀이를 즐기는 성숙한 태도를 익히게 해요.

대부분의 보드게임에는 권장 연령이 표기되어 있지만 그보다는 아이의 발달 단계와 성향을 고려하여 게임을 선택하는 것이 더 중요해요! 나아가 상황에 따라 부모님께서 규칙을 조금씩 변경해주면 아이의 흥미를 높이는 데 도움될 거예요.

수와 연산

01
5를 완전 정복, 할리갈리

쉬운 규칙, 단순한 도구로도 고도의 집중력을 발휘하게 하는 놀이에 도전해요! '5개'를 시각적으로 인지하고, 다양한 방법으로 가르고 모으도록 유도하지요. 이 놀이로 아이의 수 감각은 물론 집중력까지, 두 마리 토끼를 잡아요.

- 선행 개념   5까지의 수 가르기와 모으기
- 목표 개념   다양한 방법으로 5까지의 수 가르기와 모으기

선행 개념을 확인해요

카드를 2장 모아서 숫자 5를 만들어보자.

이렇게 놀아요

1 카드를 사람 수대로 똑같이 나눈 다음에 뒤집어요.

2 자기 차례가 되면 본인 몫의 카드 중에서 제일 위에 있는 1장을 펼쳐 바닥에 놓아요.

3 보이는 카드에서 같은 종류의 과일이 5개가 되면 종을 쳐요. 종을 친 사람은 바닥에 펼쳐진 카드를 모두 가져가 자신의 카드 더미에 쌓아요.

4 자기 차례에 더 이상 펼칠 카드가 없는 사람은 게임에서 탈락해요.

다른 방법으로 놀아요

play 1
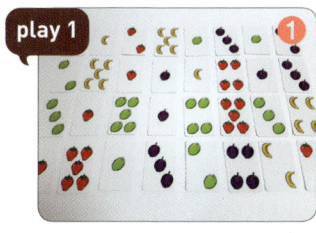 

❶ 앞면이 보이게 카드를 펼쳐요.
❷ 같은 과일이 10개가 되도록 빨리 카드를 조합해요.

play 2
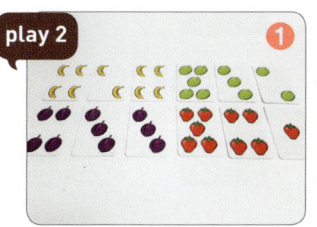 

❶ 10이 되도록 조합한 카드를 4세트 만들어요.
❷ 뒤집어 섞은 뒤, 10이 되는 조합 카드를 찾는 기억력 게임을 해요.

189

수와 연산

02
숫자 순서를 익히는 다빈치코드

수의 순서를 이해하고 논리적 사고력을 길러줄 수 있는 놀이예요. 본인이 가지고 있는 숫자를 단서 삼아, 상대방이 가지고 있는 숫자를 알아맞혀요. 이 게임은 추리하는 과정이 있기 때문에 하다 보면 집중력도 부쩍 좋아져요.

- **선행 개념** 20까지의 수 순서 알기
- **목표 개념** 20까지의 수 순서 응용하기

선행 개념을 확인해요

0~11의 숫자 타일을 두 팀이 나누어 가졌어. 숫자가 작은 것부터 큰 것까지 순서대로 배열되어 있다고 할 때, 빈칸에 알맞은 수는 무엇일까?

1팀
| | 2 | | | 10 | |

2팀
| 0 | 3 | 4 | 6 | 8 | 9 |

이렇게 놀아요

1. 모든 타일을 뒤집어 섞은 다음, 각자 4개씩 가져가요.

2. 오름차순에 따라 타일을 세워요. 같은 숫자가 있으면 검정색을 오른쪽에 세워요.

3. 자기 차례에 뒤집은 타일을 하나 가져와 규칙에 맞게 자기 몫의 타일에 끼워요.

4. 다른 사람의 타일 중 하나를 지목해서 숫자를 맞혀요. 맞으면 상대방은 그 타일을 눕혀 공개하고, 틀리면 자신이 가져간 블록을 공개해요.

5. 숫자를 맞혀 상대방 타일을 눕혔다면 "스톱(Stop)"을 외치고 다음 사람에게 넘기거나, 아직 공개 안 된 다른 사람의 타일을 하나 더 추리할 수 있어요.

6. 모든 타일이 보이도록 눕혀진 사람이 패배!

다른 방법으로 놀아요

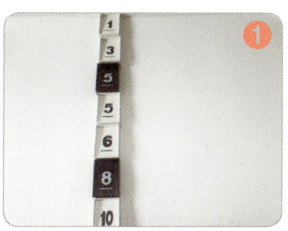

① 타일을 7개 뽑아 세로로 오름차순으로 배열해요.
② 뒤집은 타일에서 타일을 하나 뽑아 1번 타일 기둥에 붙여요. 이때 순서는 왼쪽이 작은 수, 오른쪽이 큰 수가 되도록 해요.
③ 타일을 하나 붙인 뒤에는 상대방 순서로 넘어가요.
④ 자신이 뽑은 타일을 더 이상 붙일 곳이 없다면 패배하게 돼요.

수와 연산

03
10을 만들어요, 메이크텐

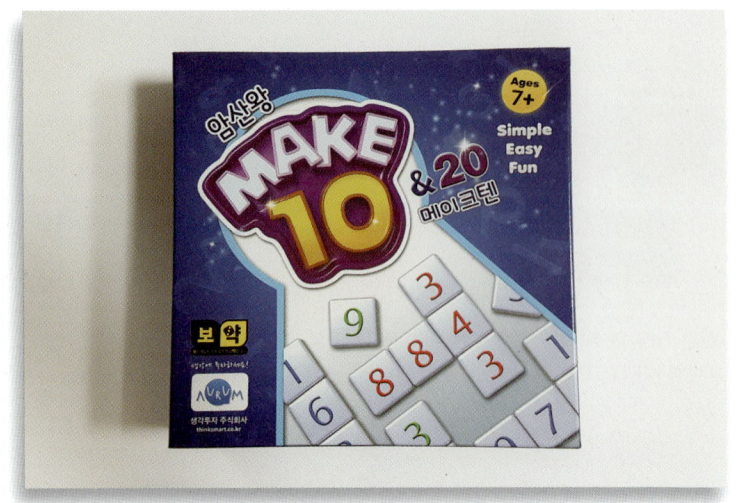

숫자들 중에서 10은 연산의 가장 기본이지요. 이번에는 이 중요한 숫자 '10' 만들기를 보드게임으로 경험해요. 다양한 방법으로 수를 조합해서 10, 20을 만들고 이를 전략적으로 활용하는 방법을 배우다 보면, 덤으로 아이가 연산을 친근하게 느끼는 효과도 얻을 수 있어요.

- **선행 개념** 20까지의 수 가르기와 모으기
- **목표 개념** 20까지의 수 가르기와 모으기

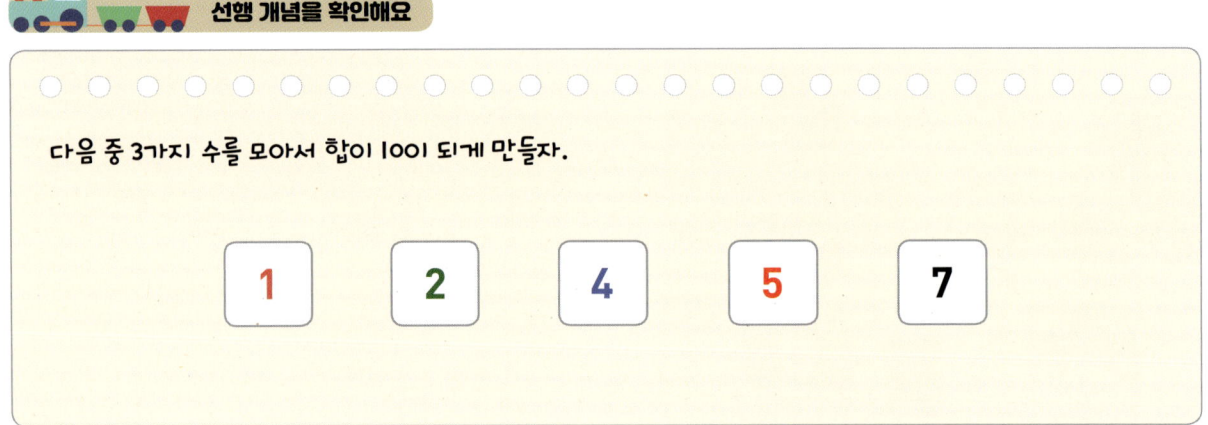

선행 개념을 확인해요

다음 중 3가지 수를 모아서 합이 10이 되게 만들자.

| 1 | 2 | 4 | 5 | 7 |

이렇게 놀아요

1 뒤집은 타일을 각자 15개씩 나누어 가져요.

2 같은 색의 타일을 3개 모아 10을 만들어 등록해요. 이 세트를 '트리'라고 불러요.

3 자기 타일을 같은 색의 트리에 10 또는 20이 되도록 붙일 수 있어요.

4 10을 만들 때는 타일 3개를, 20을 만들 때는 타일 3~4개를 사용해요.

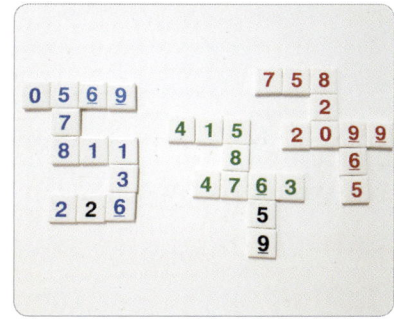

5 가장 먼저 자신의 숫자 타일을 소진한 사람이 게임의 승자가 돼요.

다른 방법으로 놀아요

❶ 20까지의 연산이 어려울 때에는 10 만들기부터 시작해요.

수와 연산

04
두 자릿수 덧셈도 척척, 로보77

간단한 게임 규칙, 복잡하지 않은 도구, 작은 부피 등 많은 장점들이 있어 여행할 때나 외출할 때 가지고 다니며 쉽게 할 수 있는 보드게임이에요. 아이가 두 자릿수 덧셈에 익숙해졌을 무렵, 함께 즐겁게 놀아요.

- 선행 개념　두 자릿수의 덧셈
- 목표 개념　두 자릿수의 덧셈(암산)
- 참여 인원　2인 이상

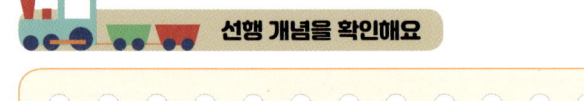
선행 개념을 확인해요

빈칸에 들어갈 수 있는 가장 큰 수는 무엇일까?

5 + ☐ < 10　　　13 + ☐ < 20

이렇게 놀아요

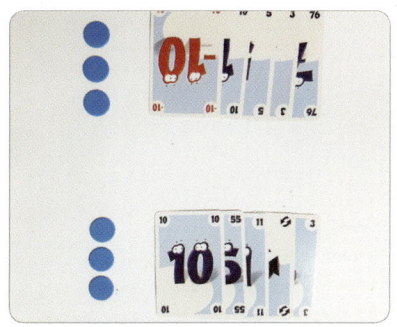

1 각자 카드는 5장씩, 칩은 3개씩 나누어 가져요.

2 첫 번째 사람이 카드 1장을 바닥에 내려놓으며 숫자를 외쳐요.

3 그다음 사람은 밑에 있는 카드와 자신이 낸 카드의 수를 합산한 수를 외치며 카드 1장을 내려놓아요.

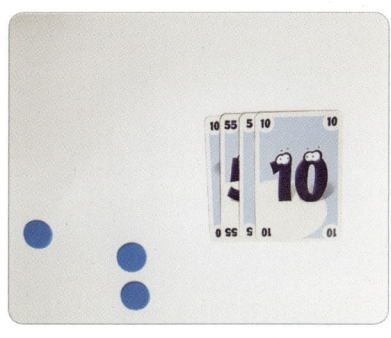

4 카드 숫자의 합이 77 이상이 되도록 만든 사람이 패배해요. 패배할 때마다 칩을 하나씩 잃어요.

다른 방법으로 놀아요

❶ 특정 수의 배수가 되도록 만든 사람은 패배하는 규칙을 추가해요. 이때 2, 5, 10, 11의 배수 등 아이가 쉽게 인지할 수 있는 수로 정해요.

수와 연산

05
30까지 문제없어요! 루미큐브

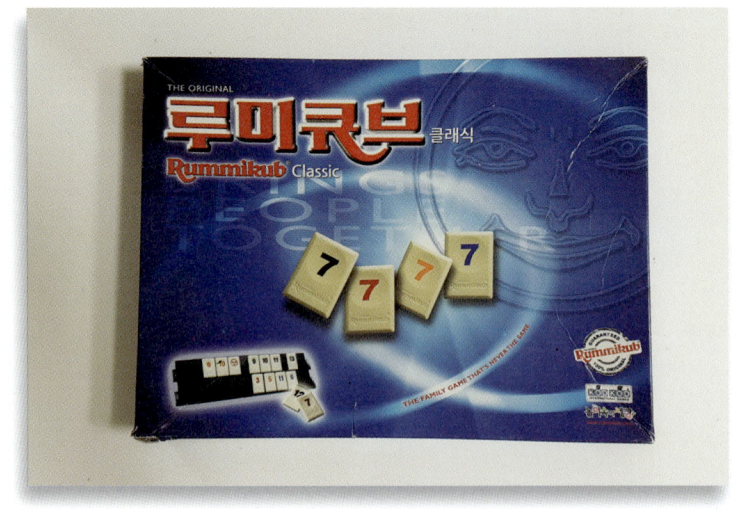

세계에서 가장 많이 팔린 보드게임 중 하나인 루미큐브! 할리갈리, 젠가와 함께 3대 보드게임으로도 유명하지요. 수의 순서를 익히는 것은 물론 간단한 덧셈까지 경험이 가능해서, 30 이하의 덧셈을 익히는 단계에 있는 아이에게 유익한 놀이 시간이 될 거예요.

- 선행 개념   두 자릿수의 덧셈
- 목표 개념   두 자릿수의 덧셈(암산)
- 참여 인원   2~4인

선행 개념을 확인해요

다음 중 3가지 수를 모아서 그 합이 20 이상이 되도록 만들자.

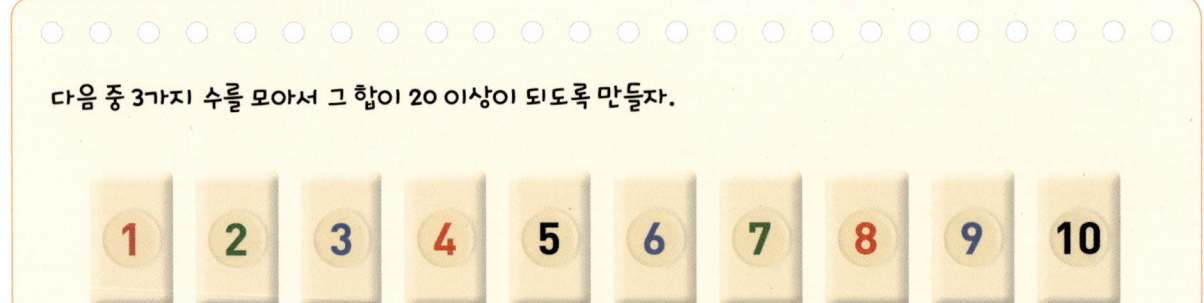

이렇게 놀아요

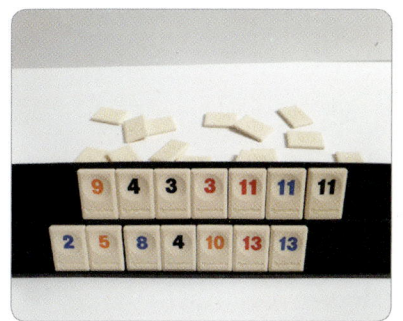

1 타일을 모두 뒤집은 상태에서 14개씩 가져가요.

2 자기 차례가 되면 타일을 '등록'해요. 등록은 3개 이상의 타일을 조합하여 내려놓는 건데, 맨 처음에는 타일의 숫자 합이 30 이상 되어야 해요.

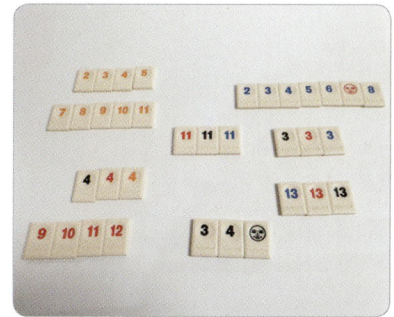

3 등록한 뒤에는 숫자 합과 관계없이 타일을 내려놓을 수 있어요. 등록된 타일들을 재조합하여 자신의 타일을 붙이는 것도 가능해요. 내려놓을 타일이 없다면 타일 더미에서 새로운 타일 하나를 가지고 와요.

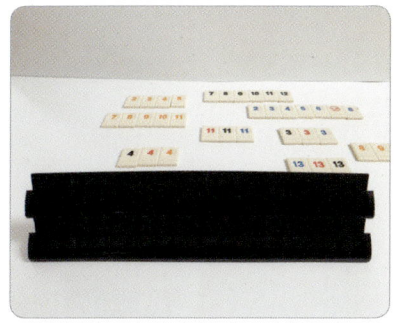

4 자신의 타일을 전부 내려놓고 "루미큐브"라고 외치면 승리해요. 모두가 각자 가지고 있는 타일의 수를 더하고, 그중 합이 가장 큰 사람이 패해요.

다른 방법으로 놀아요

play 1 ❶

❶ 아이가 아직 덧셈을 잘 못한다면, 등록하는 숫자의 합을 낮추거나(10 이상 수), 숫자 합이라는 조건을 없애고 진행해요.

play 2 ❶ ❷

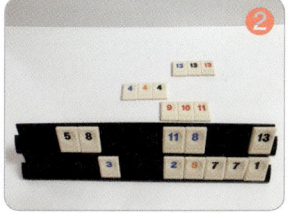

❶ 타일을 20개씩 나누어 가져요.
❷ 규칙에 맞게 등록하는 조합을 최대한 많이 만들어요. 남는 타일의 숫자가 적은 사람이 승리!

수와 연산

06
6 가져가! 젝스님트

이 게임의 도구는 104까지의 수가 적혀 있는 카드뿐이고, 규칙도 젝스님트('6 가져가!'라는 뜻이에요)라는 게임 이름처럼 단순해요. 하지만 멘사에서 좋은 게임으로 선정했을 만큼 게임 참여자의 사고력을 자극하고 집중력을 길러주는 훌륭한 놀이예요.

- 선행 개념   100까지의 수 순서, 두 자릿수의 덧셈
- 목표 개념   100까지의 수 순서, 두 자릿수의 덧셈(응용과 암산)
- 참여 인원   2~10인

선행 개념을 확인해요

초록 동그라미 안의 수는 오른쪽 두 수 중에서 어떤 수와 더 가까울까?

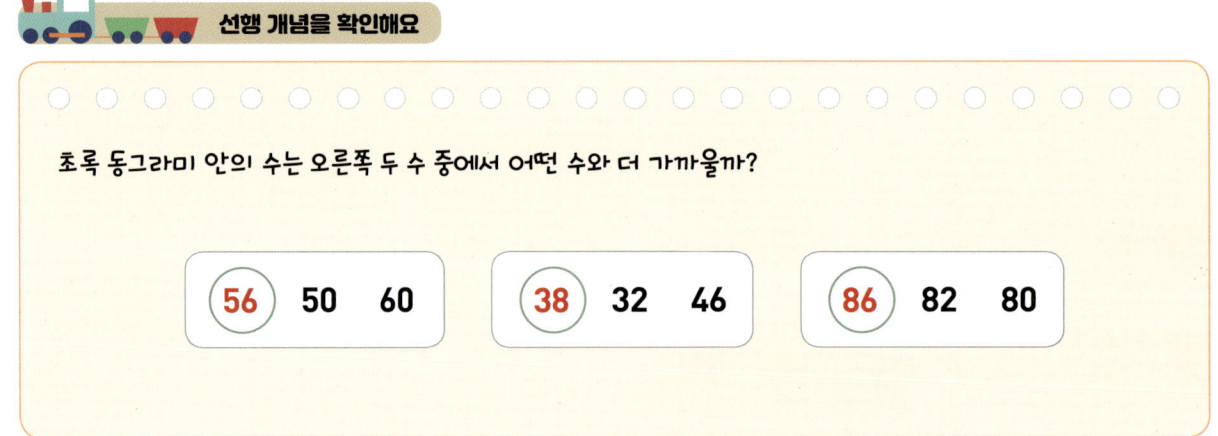

(56) 50 60   (38) 32 46   (86) 82 80

이렇게 놀아요

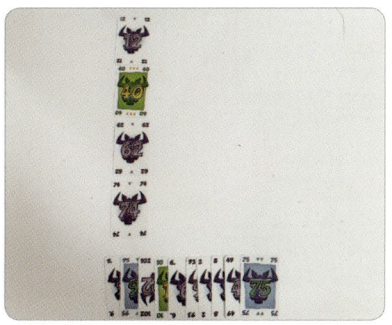

1 각자 카드를 10장씩 나누어 갖고, 남은 카드 중 4장을 한가운데에 세로로 펼쳐요.

2 모두가 각자 버리고 싶은 카드를 1장 골라서 바닥에 놓아요. 그리고 동시에 카드를 뒤집어서 수가 가장 작은 사람이 첫 번째 주자가 돼요.

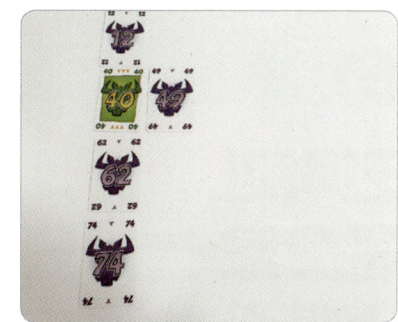

3 자기 차례가 되면 배열된 카드의 오른쪽에 자신의 카드를 붙여요. 원래 카드보다는 숫자가 낮고 가장 가까운 카드 옆에 붙일 수 있어요.

4 모두가 카드를 내려놓고 새로운 회차가 되면, 2~3번의 과정을 반복해요.

5 자신이 가지고 있는 카드의 숫자가 작아서 더 이상 내려놓을 곳이 없다면, 한 줄의 카드를 모두 가지고 온 다음에 자신의 카드를 내려놓아요.

6 자신의 카드가 놓이는 곳이 그 줄의 6번째 순서라면, 앞에 있는 5장의 카드를 모두 가지고 온 다음에 자신의 카드를 내려놓아요.

7 10장의 카드를 바닥에 모두 내려놓았다면 게임 종료! 자신이 가지고 있는 벌점 카드에 있는 황소얼굴의 수를 모두 더해요.

8 황소얼굴 벌점이 가장 적은 사람이 승리해요.

수와 연산

07
전략과 운으로 놀아요, 스트림스

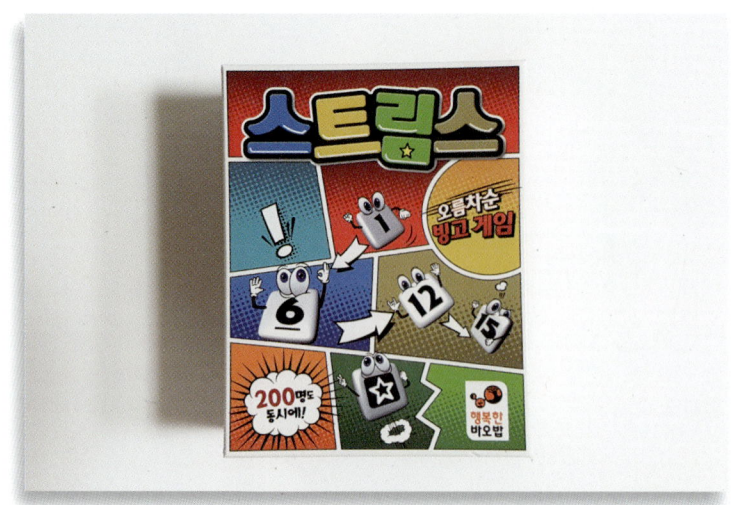

숫자의 오름차순을 이해하고, 이를 전략적으로 조직하는 능력과 운이 필요한 게임이지요. 특히 '운'이라는 불확실한 요소가 작용하여 게임을 보다 재미있게 만들어요. 종이와 필기구만 있으면 어디서나 할 수 있고, 인원 제한이 없이 즐길 수 있다는 점이 이 게임의 장점이에요.

- 선행 개념　수의 순서 알기, 두 자릿수의 덧셈
- 목표 개념　수의 순서 알기, 두 자릿수의 덧셈(응용)
- 참여 인원　2~100인

선행 개념을 확인해요

수 타일을 작은 것에서 큰 것 순서로 나열했어. 18은 어떤 수와 어떤 수 사이에 넣을 수 있을까?

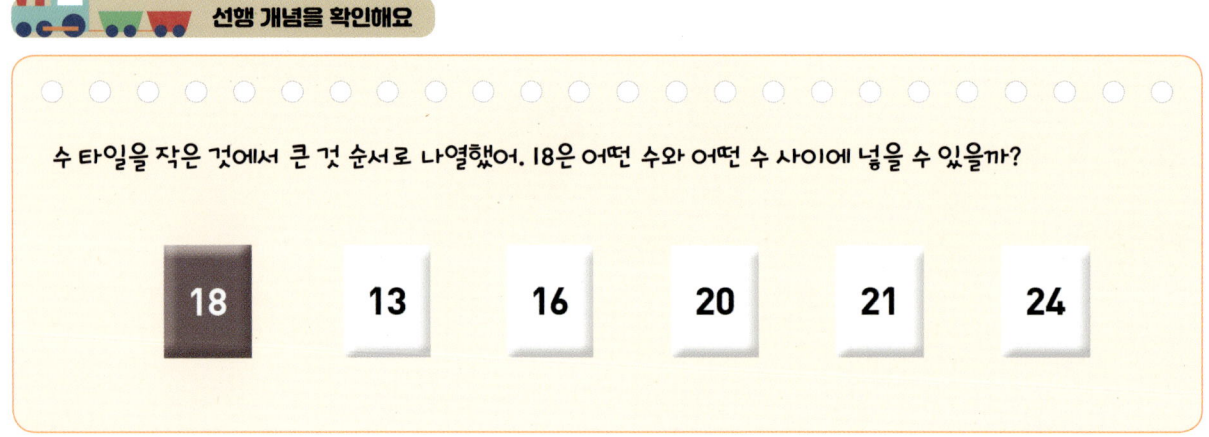

🛩️ 이렇게 놀아요

1 종이와 필기구를 사람의 수만큼 준비해요.

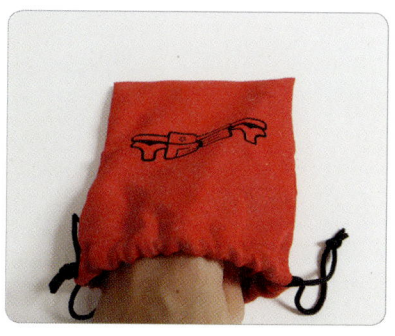

2 41개의 타일을 주머니에 넣어서 하나씩 뽑아요. 뽑는 것은 한 사람이 전담해도 좋고 번갈아가며 해도 좋아요.

3 뽑힌 타일의 숫자를 오름차순이 되도록 20개의 칸에 어림하여 적어요. 일단 적으면 지울 수 없으니 신중하게 결정해요.

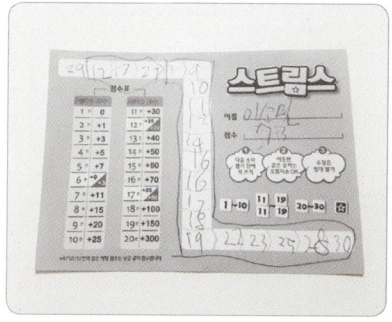

4 20개의 타일을 뽑고 나면, 점수를 계산해요. 오름차순으로 연결되는 숫자가 많을수록 점수가 높아져요.

🚀 다른 방법으로 놀아요

play 1

❶ 1~15의 수 타일만 꺼내요.
❷ 10개의 칸을 이용해서 놀이를 해요.

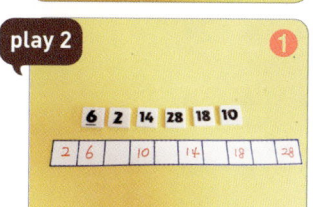

play 2

❶ 짝수가 적힌 타일만 꺼내요.
❷ 10개의 칸을 이용해서 놀이를 해요.

공간과 도형

08
도형 그리기, 지오보드

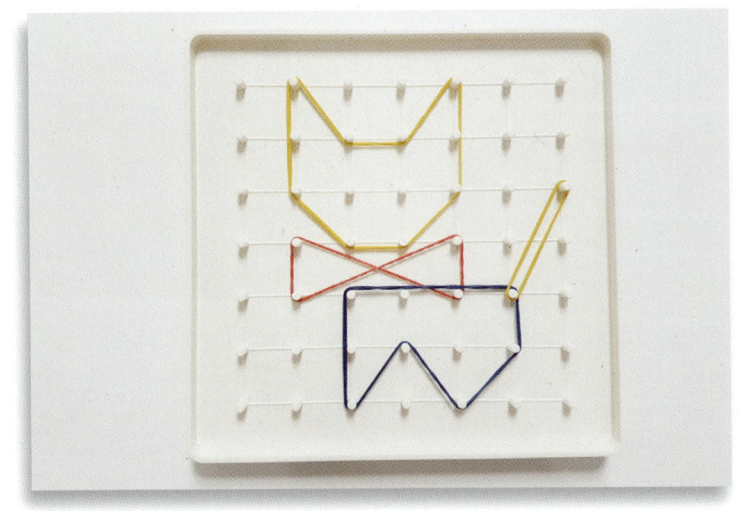

이번에는 아직 소근육 발달이 덜 되어 선 긋기가 미숙한 아이여도 직접 다양한 도형을 만들어보고 표현할 수 있게 하는 보드게임이에요. 자유롭게 도형을 탐색하고 분류하는 과정을 통해 공간과 도형에 대한 이해를 넓혀요.

- **선행 개념**   도형의 성질과 대칭
- **목표 개념**   도형의 성질과 대칭

선행 개념을 확인해요

그림에서 점을 연결하여 삼각형과 사각형을 하나씩 만들어보자.

삼각형 만들기

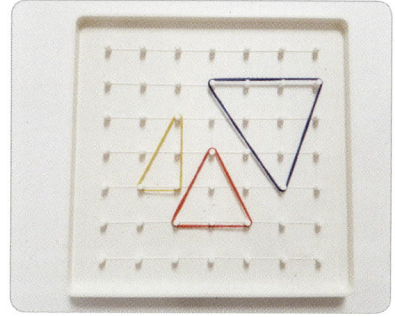 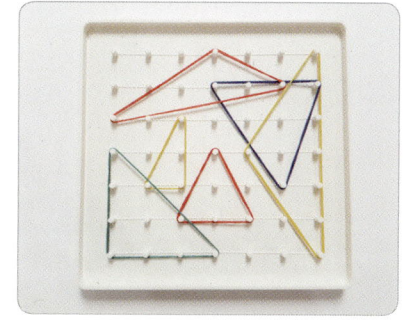

1 고무줄을 이용해서 보드의 3개 점을 잇는 도형을 만들어요.

2 만들어진 삼각형 중에서 직각삼각형과 둔각삼각형을 찾아요.

사각형 만들기

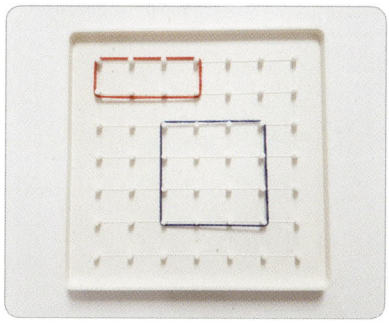 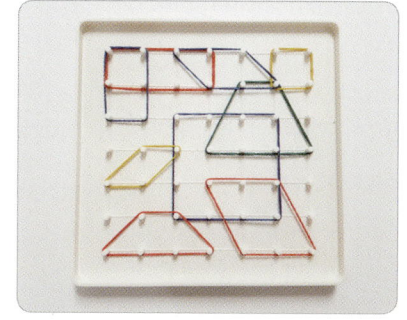

1 고무줄을 이용해서 보드의 4개 점을 잇는 도형을 만들어요.

2 만들어진 사각형의 성질을 살펴보고, 정사각형, 직사각형, 평행사변형, 사다리꼴 등을 찾아요.

선대칭 위치에 있는 도형 만들기

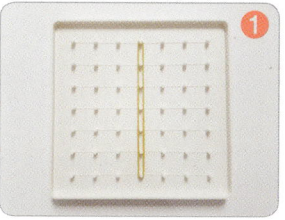 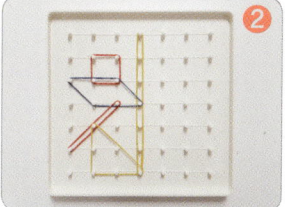

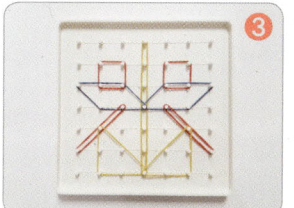 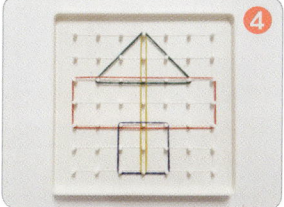

❶ 고무줄을 이용해서 보드 가운데에 긴 선을 만들어요.
❷ 왼쪽에 자유롭게 모양을 만들어요.
❸ 가운데의 선을 따라 보드판을 접었다고 생각하고, 오른쪽에도 모양을 똑같이 만들어요.
❹ 같은 규칙으로 선을 가로지르는 도형도 만들어요.

203

공간과 도형

09
공간 지각력 쑥쑥, 구슬퍼즐

공간 지각력은 학교 교육 과정에서 필수적으로 다루는 개념이자, 생활 곳곳에서 요구되는 능력이에요. 평면 도형을 뒤집거나 돌려서 알맞은 자리에 두는 놀이를 하다 보면 아이의 공간 지각력이 발달되어, 어느새 평면 도형의 대칭, 회전한 결과를 잘 예측하게 될 거예요.

- **선행 개념**   도형의 회전과 대칭
- **목표 개념**   도형의 회전과 대칭(응용)

왼쪽 도형을 뒤집거나 돌려서 생기는 모양이 아닌 것은 무엇일까?

이렇게 놀아요

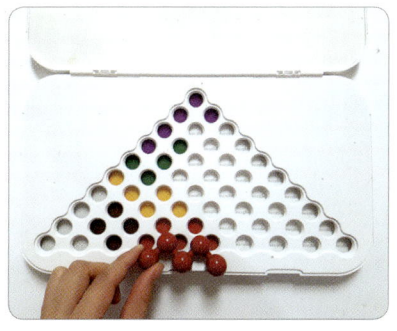

1 문제의 그림과 같은 모양으로 구슬판에 구슬을 놓아요.

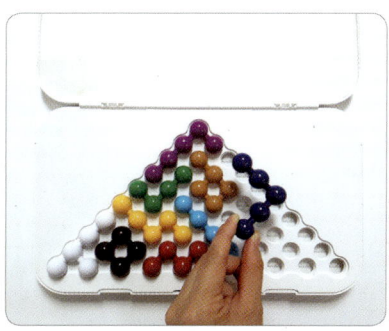

2 빈 공간을 나머지 구슬로 채워요.

다른 방법으로 놀아요

❶ 한 사람이 구슬을 이용하여 마음껏 모양을 만들어요.
❷ 만든 모양의 윤곽선을 표시하고, 그 모양을 만들 때 사용한 구슬을 분리해요.
❸ 다른 게임 참여자가 앞사람이 만든 구슬과 모양 윤곽선을 보고 다시 퍼즐을 맞추어요.
❹ 역할을 바꾸어 진행해요.

공간과 도형

10
패턴과 친해져요, 큐비츠

이 시기의 아이는 어른이 생각하는 것 이상으로 많은 기하학적 개념을 이미 갖추고 있어요. 그래서 도형에 대한 개념을 학습하기 좋은 때라고 할 수 있어요. 이 놀이로 도형 개념은 물론, 패턴에 대한 이해까지 높여주세요.

- **선행 개념**　도형의 회전과 대칭
- **목표 개념**　도형의 회전과 대칭(응용)

선행 개념을 확인해요

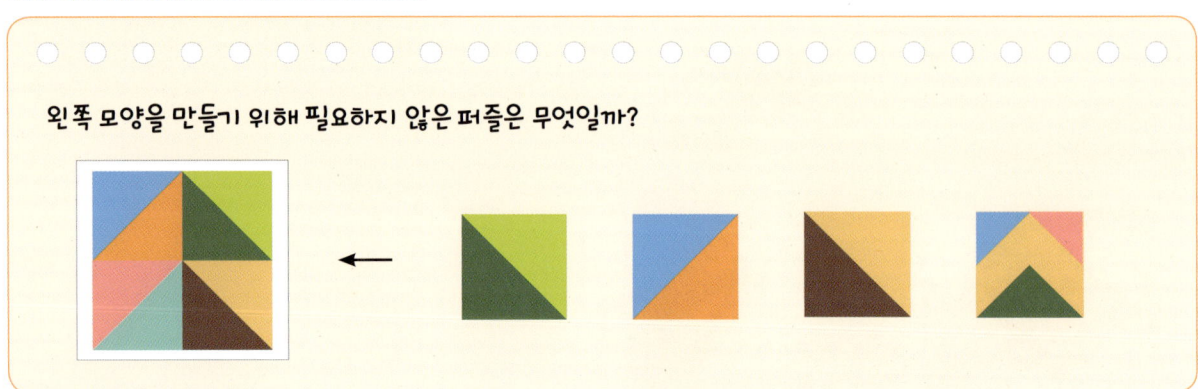

왼쪽 모양을 만들기 위해 필요하지 않은 퍼즐은 무엇일까?

이렇게 놀아요

1 카드를 가운데에 1장 펼쳐놓아요.

2 가운데에 있는 모양과 같은 모양으로 자신의 블록을 돌려 배열해요.

3 같은 모양이 완성되면 "큐비츠"라고 외쳐요.

4 먼저 외친 사람은 가운데에 놓은 카드를 가져가고, 카드의 수가 더 많으면 승리해요.

다른 방법으로 놀아요

❶ 첫 번째 참여자가 자신이 원하는 대로 모양을 만들어요.
❷ 휴대전화를 이용하여 만들어진 모양을 촬영해요.
❸ 촬영된 모양을 보고 다음 참여자가 똑같이 만들어요.
❹ 역할을 바꾸어 진행해요.

수와 연산

11
혼자서도 보드게임을! 코잉스 (스페이스)

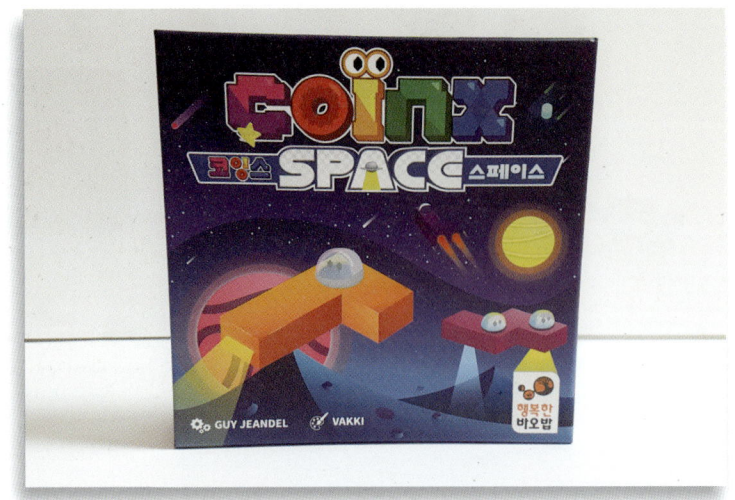

어른이 놀이에 함께 참여하지 않아도 되는 1인용 보드게임을 소개해요. 원하는 난이도에 따라 코잉스 또는 코잉스스페이스를 선택하세요. 가볍고 부피도 작아서 외출 시 언제든 들고 다니며 짬이 날 때마다 활용할 수 있어요.

- **선행 개념**   도형의 회전과 대칭
- **목표 개념**   도형의 회전과 대칭(응용)

선행 개념을 확인해요

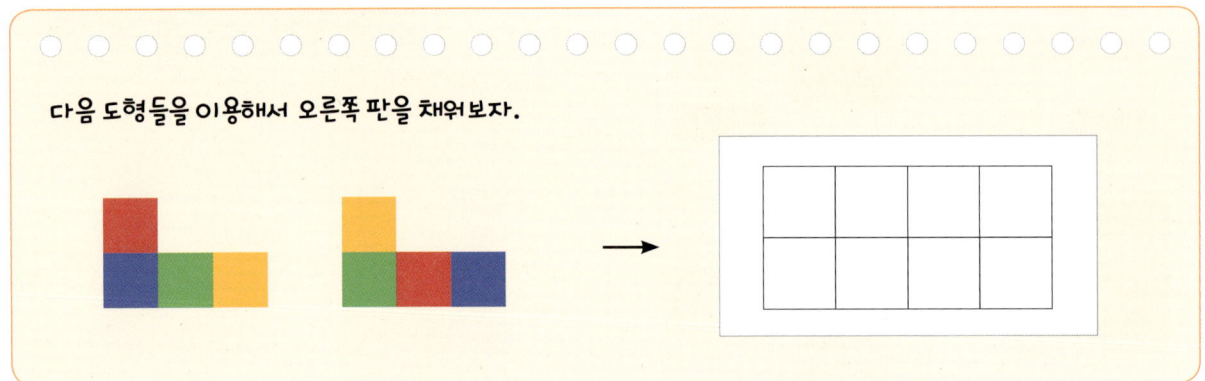

이렇게 놀아요

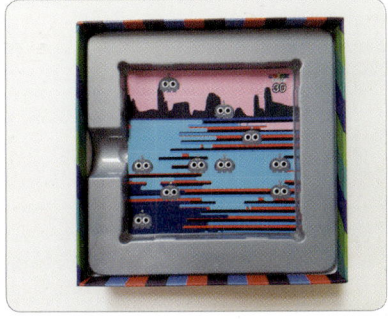

1 카드 1장을 바닥에 깔아요.

2 문제 카드 속의 외계인이 보이도록, 블록의 구멍을 찾아 맞추어요.

다른 방법으로 놀아요

❶ 문제 카드와 같은 크기로 종이를 잘라요.
❷ 블록을 마음대로 올려놓아요.
❸ 블록의 구멍을 종이에 표시해요.
❹ 완성했으면, 자신의 문제 카드를 상대방과 바꾸어 풀어요.

공간과 도형

12
퍼즐을 완성하자, 우봉고(3D)

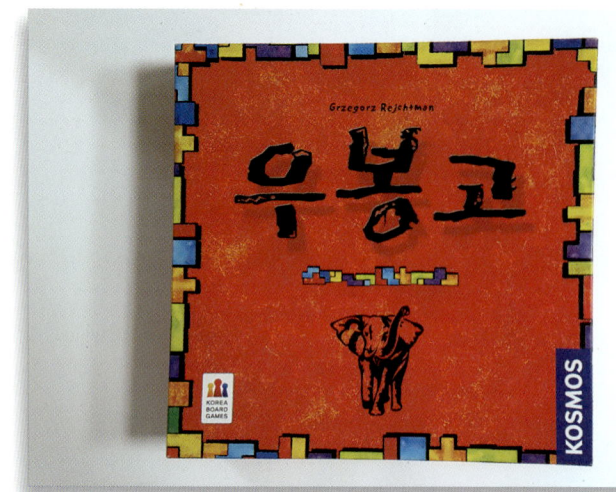

칠교 놀이와 비슷한 우봉고는 한글을 모르는 아이도 쉽게 할 수 있는 놀이예요. 다양한 방법으로 도형을 회전하고 이동시키면서 아이의 흥미를 유발하고 도형에 대한 이해력을 높이며 공간 감각을 기를 수 있어요.

- 선행 개념   도형의 회전과 대칭
- 목표 개념   도형의 회전과 대칭(응용)

선행 개념을 확인해요

다음 도형들을 이용해서 오른쪽 판을 채워보자.

이렇게 놀아요

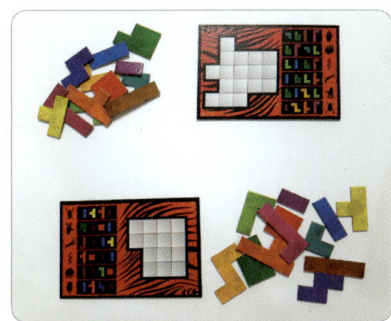

1 사람마다 각각 12개의 퍼즐 조각 세트, 퍼즐판 1개씩을 받아요.

2 주사위를 굴려 나오는 모양에 따라 이번 라운드에 사용할 퍼즐의 종류가 결정돼요. 모래시계를 뒤집고 게임을 시작해요.

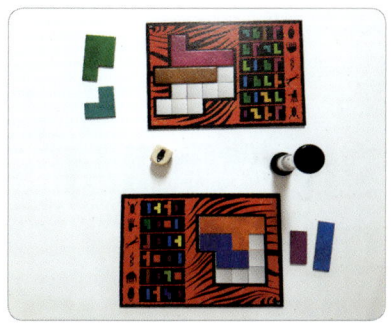

3 지시된 퍼즐 조각을 이용하여 문제 칸을 채워요.

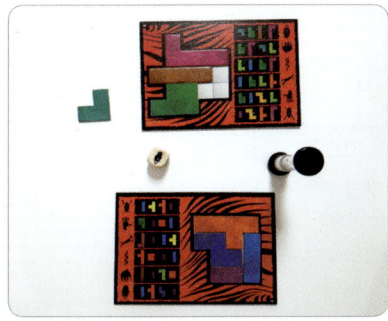

4 퍼즐을 다 풀면 "우봉고!"라고 외치고, 게임의 승자가 돼요.

다른 방법으로 놀아요

play 1

❶ 퍼즐 조각을 이용하여 다양한 방법으로 직사각형을 만들어요.

play 2

❶ 우봉고에 익숙해지면 3D 버전에도 도전해요.

공간과 도형

13
화면 밖에서 하는 테트리스링크

지금의 어른들도 어릴 때 즐겨하던 테트리스! 물론 요즘 아이들은 테트리스를 스마트폰으로 많이 하지요. 만일 아이의 지나친 기기 사용이 걱정된다면 교구를 활용하여 지금부터 소개하는 놀이를 해보세요.

- **선행 개념** 도형의 회전과 대칭
- **목표 개념** 도형의 회전과 대칭(응용)

선행 개념을 확인해요

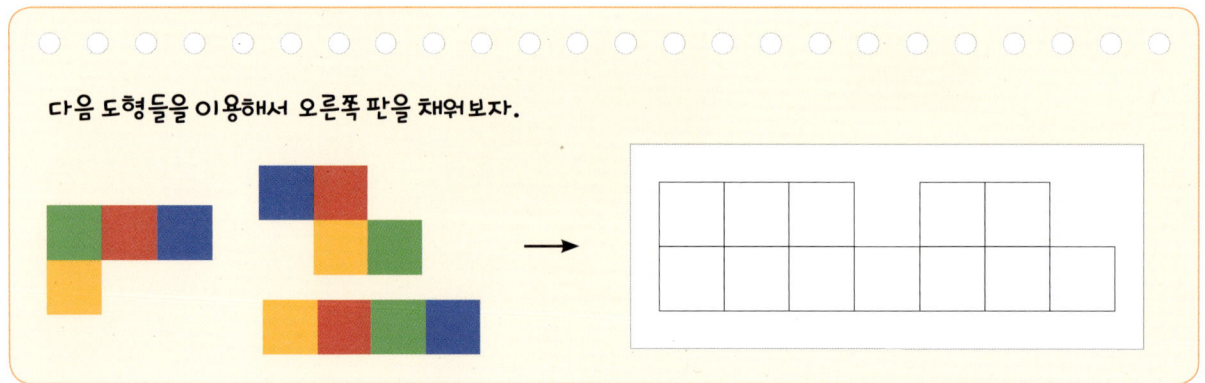
다음 도형들을 이용해서 오른쪽 판을 채워보자.

이렇게 놀아요

1 자신이 원하는 색깔의 테트리스 타일을 모두 가져가요.

2 주사위를 굴려 나오는 타일을 구멍에 끼워요.

3 자기 색깔 타일을 3개 이상 연결하면 점수가 높아지고, 구멍이 생기면 1점 감점돼요.

4 더 이상 끼울 수 없을 때까지 타일을 끼웠다면 게임 종료! 점수를 합산해서 순위를 가려요.

다른 방법으로 놀아요

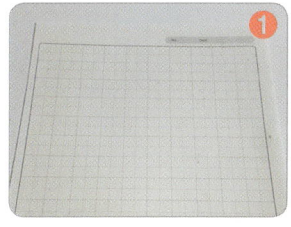
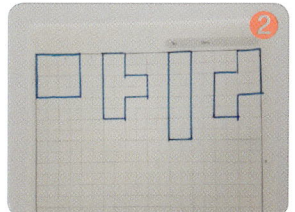

❶ 10칸 공책을 준비해요.
❷ 테트리스 조각을 따라 그려요.
❸ 그림 조각을 오려요.
❹ 오려낸 조각들로 마음껏 모양을 만들어요.

213

공간과 도형

14
내 영역을 넓히자, 블로커스

정사각형을 여러 개 이어붙인 도형들을 이용한 놀이는 우봉고, 테트리스 등 다양해요. 하지만 이것들이 하나의 판을 채우는 놀이라면, 블로커스는 비슷하면서도 조금 다른 규칙을 갖고 있어요. 펜토미노 타일을 이용해서 영역 차지 놀이를 해보아요.

- **선행 개념**   도형의 회전과 대칭
- **목표 개념**   도형의 회전과 대칭(응용)

선행 개념을 확인해요

왼쪽 도형을 돌리거나 뒤집어서 만들 수 없는 모양은 무엇일까?

이렇게 놀아요

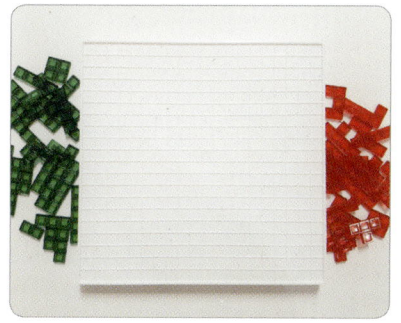

1 원하는 색깔의 블록을 모두 자기 몫으로 가져가요.

2 자기 차례 때 블록 중 1개를 게임판에 놓아요. 첫 블록은 모서리의 한 점에서부터 연결을 시작해요.

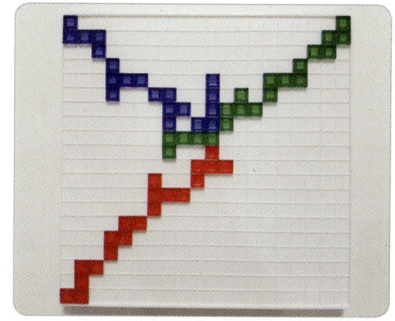

3 두 번째 블록부터는 기존에 내려놓은 자신의 조각과 꼭짓점이 연결되도록 놓아야 해요. 다른 사람의 조각과는 어떻게 맞닿든 상관없어요.

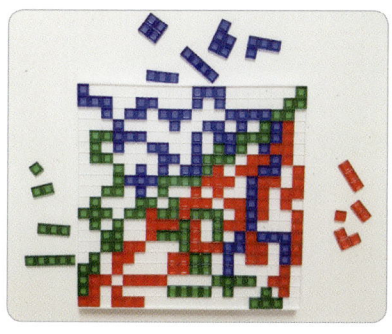

4 더 이상 블록 조각을 놓을 수 없게 되면 패배!

다른 방법으로 놀아요

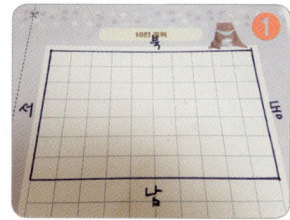
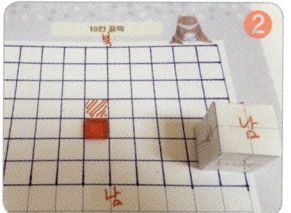
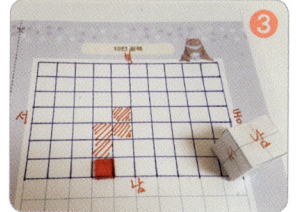
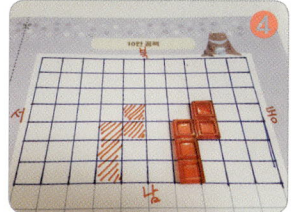

❶ 10칸 공책과 주사위를 준비해서 동서남북 방향을 표시해요.
❷ 공책 가운데에 말을 두고, 주사위를 굴려서 방향대로 말을 움직여요. 말이 지나간 칸은 색칠해요.
❸ 5칸이 색칠될 때까지 주사위를 던져요.
❹ 만들어진 모양과 같은 모양의 펜토미노 타일을 찾아요.

규칙성, 자료 정리

15
무엇이 같을까?
쿼클

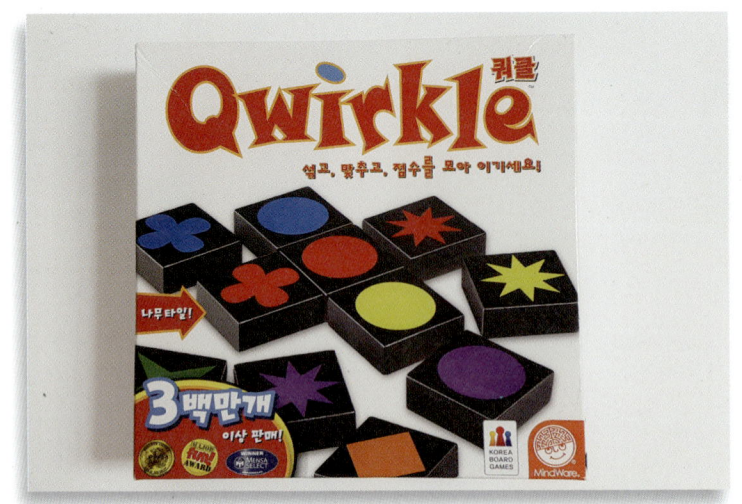

색깔과 모양의 공통성을 찾아내는 여러 게임 중 쿼클은 알록달록한 타일과 비교적 간단한 규칙으로 누구나 즐길 수 있다는 장점을 갖추고 있어요. 멘사에서 뛰어난 게임으로 지정했을 만큼 깊은 사고력을 요하기도 하니 한번 도전해보세요!

- 선행 개념　표의 속성 이해
- 목표 개념　표의 속성 이해(응용)

선행 개념을 확인해요

보기들 중에서 빈칸에 들어갈 도형은 무엇일까?

이렇게 놀아요

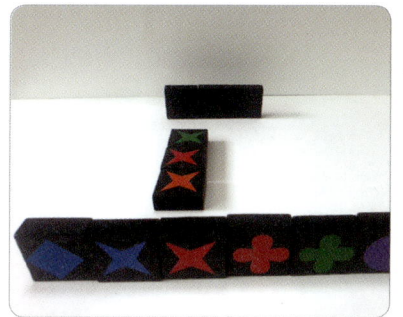

1 타일을 무작위로 6개씩 나눈 다음, 가장 많이 겹치는 색깔 혹은 모양의 개수를 말해요. 가장 큰 수를 말한 사람은 그 타일을 일렬로 놓아요.

2 그 타일과 연결되는 타일이 있다면 옆에 붙이고, 그 수만큼 새 타일을 가져가요. 이때 점수는 타일을 붙인 면의 수에 따라 받아요.

3 붙일 수 있는 타일이 없다면 타일을 주머니의 새 타일과 바꾸고, 다음 사람에게 차례를 넘겨요.

4 타일을 모두 사용하면 게임이 끝나요. 게임 중 모은 점수를 합산하여 승패를 결정해요.

다른 방법으로 놀아요

❶ 타일을 7개씩 나누어요. 바닥에는 타일을 하나 놓아요.
❷ 나눈 타일 중에서 바닥에 있는 타일과 색상이나 모양이 같은 것이 있으면 붙여요.
❸ 타일 더미에서 새로운 타일을 가져와요.
❹ 더 이상 붙일 타일이 없다면 패해요.

자료 정리

16
규칙을 찾아라!
마이퍼스트
스도쿠

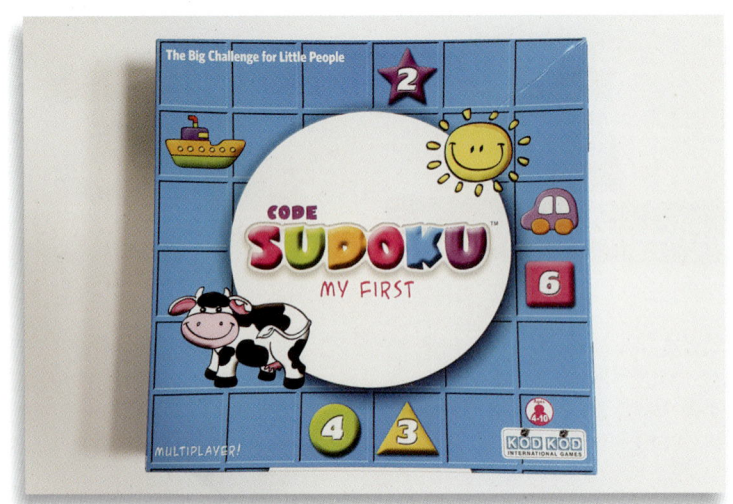

한 자릿수를 뜻하는 일본어인 스도쿠는 원래 가로와 세로 9칸씩 모두 81칸에 1~9의 숫자를 겹치지 않게 적는 게임이에요. 어린이용 스도쿠는 난이도가 조정되어 4칸 혹은 6칸으로 되어 있어요. 수차례 시도 끝에 규칙성을 찾아나가는 스도쿠 풀이 과정은 아이의 집중력을 향상시켜요.

- **선행 개념**   자료 해석과 비교
- **목표 개념**   자료 해석과 비교

선행 개념을 확인해요

스도쿠의 규칙에 따라 그림을 배열해보자.
빈칸에 들어갈 식물은 무엇일까?

218

이렇게 놀아요

1 문제지를 플라스틱 판에 끼워요.

2 어떤 그림이 있는지 살펴요.

3 가로, 세로, 굵은 선 네모 안에 겹쳐지는 모양이 없도록 잘 생각해가며 그림을 배열해요.

4 완성되었다면 규칙에 어긋나는 타일이 없는지 다시 확인해요.

마방진 숫자 놀이

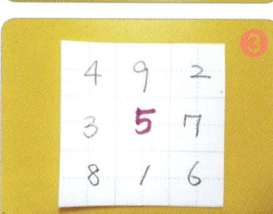

❶ 10칸 공책을 3*3이 되도록 잘라요. 공책이 없다면 빈 종이에 3*3 표를 그려도 괜찮아요.

❷ 가운데에 숫자 '5'를 써요.

❸ 가로, 세로, 대각선의 합이 모두 같게 빈칸에 1, 2, 3, 4, 6, 7, 8, 9를 채워요. 이때 5는 쓰면 안 돼요.

측정

17
무게가
궁금할 때,
저울 교구

아이 입장에서는 '길이', '크기'에 비해 '비교'는 비교적 어려운 속성이에요. 하지만 이를 측정하는 도구는 흥미를 자극하죠. 유아 교구용 양팔 저울과 추를 사용해서 아이가 좋아하는 물체의 무게를 재면 비교 개념을 익히는 데 도움이 될 거예요.

- **선행 개념**   무게 비교하기와 측정하기
- **목표 개념**   무게 비교하기와 측정하기

선행 개념을 확인해요

다음 중 더 무거운 동물은 무엇일까?

🛩️ 물체의 무게를 비교해요

1 무게의 차이가 있는 물체 3개(A, B, C)를 준비해요.

2 A와 B를 양쪽에 올려서 무게를 비교해요.

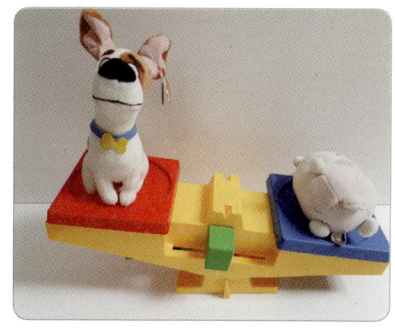

3 B와 C를 양쪽에 올려서 무게를 비교해요.

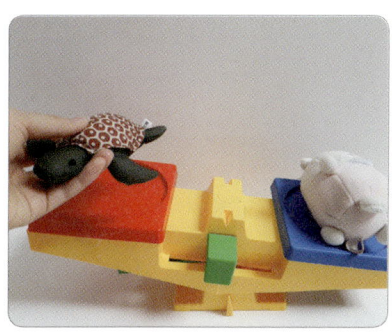

4 A와 C를 올리면 어떻게 될지 아이가 예상해보게 한 뒤 무게를 재요.

🚀 물체의 무게를 측정해요

① 무게의 차이가 있는 물체 세 개(A, B, C)를 준비해요.
② A를 저울에 올리고, 다른 쪽에는 추를 올려요. 이때 저울이 수평이 될 때까지 추의 개수를 조절해요.
③ 사용된 추의 개수를 종이에 적어요. 이를 이용하면 A의 무게를 알 수 있어요.
④ 같은 방법으로 B와 C의 무게도 달아요. 세 물체의 무게를 비교해요.

정답

1 집에서 간단한 물건으로 놀아요

	선행 개념을 확인해요	놀이 내용을 확인해요
01	(해설: 숫자를 셀 때 기수든 서수든 상관없어요.)	5채
02	(해설: 아이가 손가락을 이용하게 하세요.)	2개(해설: 아이가 손가락을 이용하게 하세요.)
03	3	4개
04	(해설: 숫자를 셀 때 기수든 서수든 상관없어요.)	7, 9 / 5, 7
05	3마리	3마리
06	7 / 2	4
07	56	10막대 2개와 낱개 3개 / 35
08	9개	토리는 8점, 마루는 14점
09	13개	토리는 18점, 마루는 16점. 토리가 승리!
10	13개	토리는 8, 마루는 10. 마루가 승리!
11	13개	16
12	3개	10원
13	4개 / 10개	18개
14	◆ ■	⬢
15	▲ ◀	3개
16	🟢	🟢
17	🔺	🟢
18	2 / 4 / 3	⭐
19		7개
20		(정답 그림)

21	(초록 원기둥)		(초록 원기둥)
22	▶ ▲ ◀		
23	●		(초록 원기둥)
24	▬▬▬▬▬		초록
25	🫑🍎		●
26	▬▬▬▬▬▬		아빠 발, 3개, 8개
27	2		🍌
28	●		●

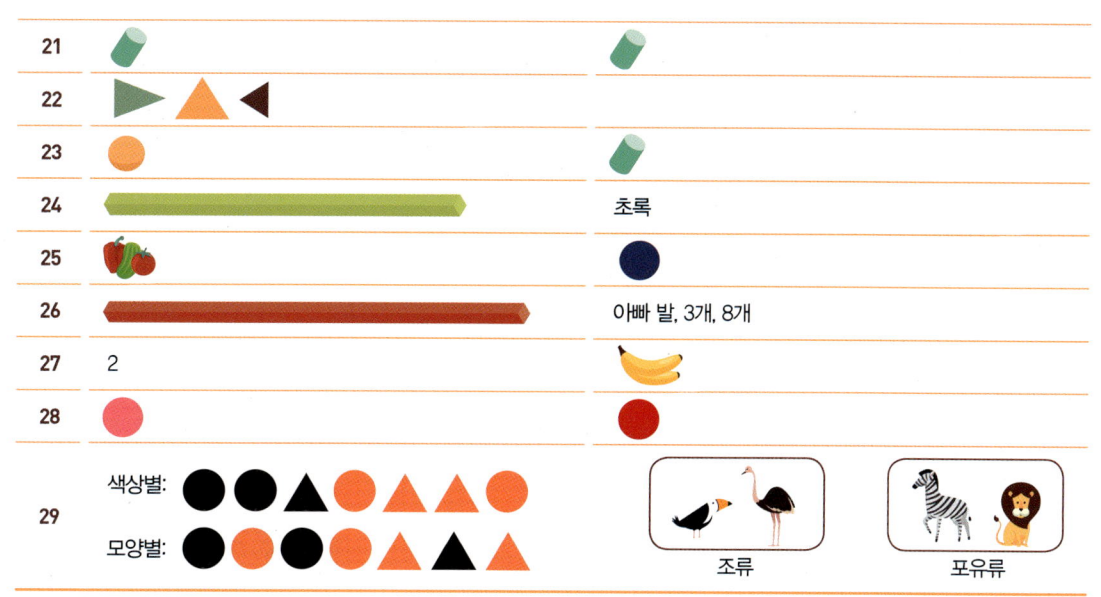

29 색상별: ●●▲●▲▲●
    모양별: ●●●●▲▲▲
    조류 / 포유류

2 종이와 필기구만 있으면 할 수 있는 놀이

01	7	6
02	풍선	5번째
03	9 / 3	8
04	7개 / 7	3+7
05	6	10
06	7 / 19	49
07	58	45 / 55 / 65 / 72 73 74 75
08	79	36 37 38 39 40 / 46 47 48 49 50 / 56 57 58 59 60 / 66 67 68 69 70 / 76 77 78 79 80

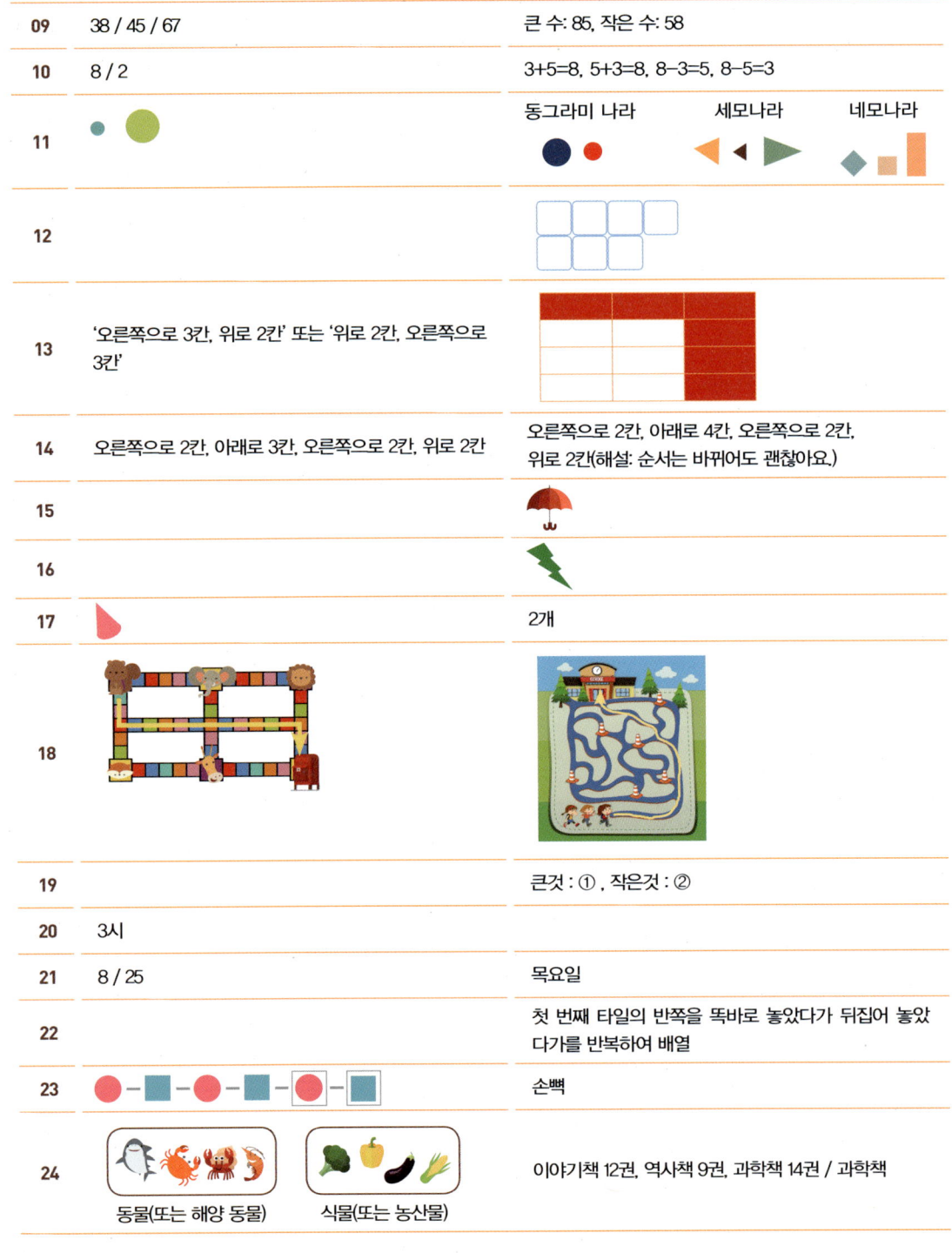

09	38 / 45 / 67	큰 수: 85, 작은 수: 58
10	8 / 2	3+5=8, 5+3=8, 8-3=5, 8-5=3
11		동그라미 나라 / 세모나라 / 네모나라
12		
13	'오른쪽으로 3칸, 위로 2칸' 또는 '위로 2칸, 오른쪽으로 3칸'	
14	오른쪽으로 2칸, 아래로 3칸, 오른쪽으로 2칸, 위로 2칸	오른쪽으로 2칸, 아래로 4칸, 오른쪽으로 2칸, 위로 2칸(해설: 순서는 바뀌어도 괜찮아요.)
15		
16		
17		2개
18		
19		큰것 : ①, 작은것 : ②
20	3시	
21	8 / 25	목요일
22		첫 번째 타일의 반쪽을 똑바로 놓았다가 뒤집어 놓았다가를 반복하여 배열
23		손뼉
24	동물(또는 해양 동물) / 식물(또는 농산물)	이야기책 12권, 역사책 9권, 과학책 14권 / 과학책

25	●●●● ▲▲▲	왼쪽: 파랑색, 오른쪽: 세모
26	모양별 / 색상별	
27	딸기 / 5명	

3 야외에서 더 신나게 놀아요

01	사 칠 팔 이 / 3+7	8+2 / 2+5+3
02	3개 / 6, 10	6개 / 12개
03	3개	원숭이
04		26 / 38
05	🍁	
06	8	✋
07	6 / 9	17
08	14, 18	15와 16
09	3, 6, 9	박수: 3, 6, 9, 12, 15, 18 / 뽀쇼: 10, 20
10		오른쪽으로 2칸, 아래로 4칸, 오른쪽으로 2칸, 위로 2칸 (해설: 순서는 바뀌어도 괜찮아요.)
11		우체국
12	빨강색	개집
13	큰 것: 파랑색 / 작은 것: 노랑색	노랑
14	연두색	왼쪽 위
15	곤충 / 식물	🍁

4 보드게임과 교구로 만나는 수학놀이

선행 개념을 확인해요

01	1+4 또는 2+3
02	1, 5, 7, 11
03	1+2+7, 1+4+5
04	4 / 6
05	1+9+10, 2+8+10, 3+7+10, 4+6+10, 2+9+10 등
06	60 / 32 / 82
07	16과 20 사이
08	(해설: 자유롭게 삼각형과 사각형을 만드세요.)
09	
10	
11	
12	
13	
14	
15	
16	
17	고양이

 **부록**

칠교 놀이

01

02

03

(해설: 이외에도 다양한 조합으로 모양을 만들 수 있어요.)

 도판 정보
이 책에 실린 사진은 저자가 직접 촬영했으며, 일러스트는 셔터스톡과 프리픽(Designed by studiogstock/Freepik)에서 제공받았습니다.

부록

10칸 공책

10칸 공책

칠교 놀이

칠교 놀이

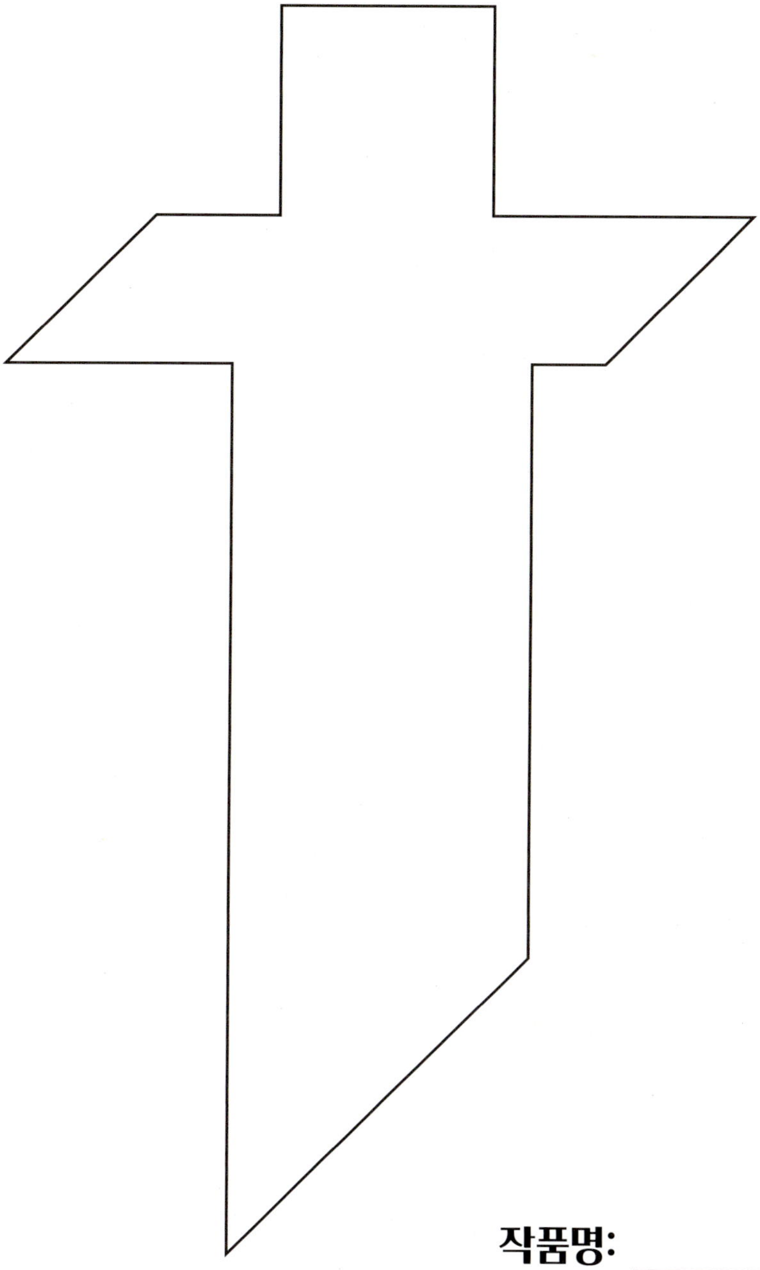

작품명: _____

칠교 놀이

칠교 놀이

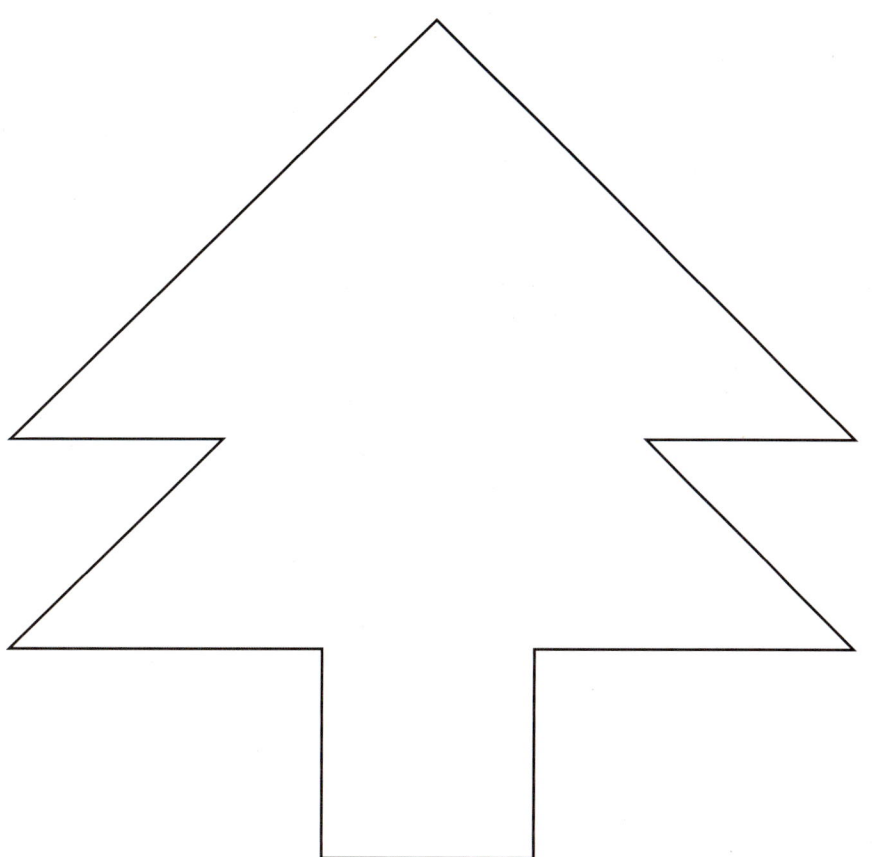

작품명: _____

칠교 놀이

칠교 놀이

작품명: _____

243

숫자 카드

점 찍어 삼각형 만들기